LA POLICE PARISIENNE

—

MON MUSÉE CRIMINEL

OUVRAGES DU MÊME AUTEUR :

DANS LA BIBLIOTHÈQUE CHARPENTIER

à 3 fr. 50 le volume

———

LA POLICE PARISIENNE

—

Le Service de la Sûreté (12e mille)... 1 vol.

Mon premier crime (9e mille).......... 1 vol.

Un Joli Monde (21e mille)............ 1 vol.

Gibier de Saint-Lazare (11e mille).... 1 vol.

Mes Lundis en Prison (7e mille)....... 1 vol.

———

Paris. — Imprimerie G. Balitout et Cie, 7, rue Baillif.

LA POLICE PARISIENNE

MON

MUSÉE CRIMINEL

PAR

G. MACÉ

ANCIEN CHEF DU SERVICE DE SURETÉ

Avec 34 planches hors texte par le procédé Silvestre & Cie

TROISIÈME MILLE

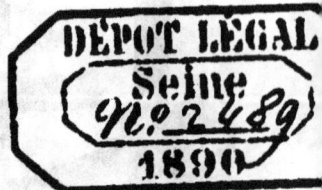

PARIS

G. CHARPENTIER ET Cᵉ, ÉDITEURS

11, RUE DE GRENELLE, 11

1890

Droits de traduction et de reproduction réservés

MON MUSÉE CRIMINEL

A MES LECTEURS

En vous dédiant *Mon Musée criminel*, dernier volume de la première série de mes livres documentaires, j'acquitte envers vous une dette de reconnaissance.

Je m'explique :

Six mois après mon départ de la Préfecture de police, j'ai publié *le Service de la Sûreté*, où je revendiquais pour le Chef comme pour ses agents l'honneur d'un grand service utile au bon ordre et à la sécurité sociale.

Connaissant à fond tous les rouages de l'administration, j'avais pu apprécier son esprit, ses défauts, ses qualités et ses besoins ; il m'était donc facile, en signalant le mal, d'indiquer le remède. Qui donc pouvait être plus compé-

tent? Nuit et jour en observation, je m'étais
aperçu rapidement que la politique régnait en
maîtresse impérieuse à la Police municipale et
comme je refusais d'y associer mon personnel,
uniquement créé pour la recherche des malfaiteurs, la guerre fut déclarée. Alors on signalait
aux feuilles spéciales les fonctionnaires qui dé-
plaisaient. J'étais du nombre, et, remontant jusqu'aux services rendus par mon père au roi
Louis Philippe avec lequel il faillit périr à bord
du *Véloce,* parti le 18 août 1840 du Tréport pour
Calais, on me reprochait ces services ainsi que
mes débuts sous l'Empire. Par ignorance ou par
mauvaise foi on me refusait les éléments nécessaires à la marche de l'importante attribution
que M. Albert Gigot m'avait confiée.

Les abus, les injustices journellement com-
mises, les erreurs du système en vigueur, fi-
nirent par me révolter; la Police municipale
paraissait vouloir laisser les criminels voyager
en paix, et comme il y a toujours eu de l'orage
entre elle et la Sûreté, j'ai voulu sortir des anciens errements en rompant le câble afin de bien
montrer les ficelles. Je pris à cœur la défense du
service et des inspecteurs en portant la lumière
au siège du mal. Par des rapports remis au chef
de la Police municipale, un soi-disant progres-

siste, je prouvai que l'inextricable routine paralysait tout et que l'organisation de la brigade dite : « de sûreté », était surannée, piteuse, pleine de lacunes. Je visai droit au cœur celui qui, volontairement, la laissait dans cette étrange et anormale situation pour se servir d'elle comme d'un bouclier nécessaire à masquer ses responsabilités, ses fautes et ses rancunes.

En reléguant le vieux mécanisme administratif, j'exposai pour le remplacer des projets d'une simplicité de détails conformes aux courants, aux intérêts modernes, plus scientifiques et mieux en harmonie avec les besoins de la population. Mais la Police municipale voulut conserver sa suprématie, elle oublia l'existence de la vapeur, de l'électricité, resta sourde, aveugle, stationnaire, et, pendant que les criminels profitaient de toutes les ressources du progrès et bénéficiaient du temps perdu, elle s'occupa exclusivement de consolider son lamentable système politique.

Il est vrai que pour obliger mes supérieurs à prendre connaissance de mes rapports, j'en avais atténué la sécheresse administrative en les semant de tableaux pris sur le vif dans les bas-fonds de la vie parisienne. L'expérience ne me réussit point. J'aurais dû me souvenir que les hauts dignitaires, surchargés de travail, ne trouvaient jamais le temps d'apprendre ce qu'ils auraient eu le plus d'intérêt à savoir.

Un arrêté suffisait pour obtenir le rattachement de la police de sûreté au cabinet du Préfet, je l'attendis vainement et à la suite d'un refus définitif, pris d'écœurement en présence de mes chefs, plus hommes politiques qu'administrateurs, je demandai ma mise à la retraite avec la ferme intention de porter le débat devant le public. Je le pouvais ayant la conscience et les mains nettes, ce qui constitue ma force et mon indépendance.

En vous faisant, mes chers lecteurs, juges de cinq années de luttes contre l'autocratique Police Municipale, vous avez connu sans phrases, mais à l'aide de documents d'études, dont les originaux reposent dans les cartons de la Préfecture, les difficultés sans nombre avec lesquelles j'étais quotidiennement aux prises. Ne pouvant soutenir que j'avais dénaturé les faits accomplis en écrivant, après coup, des fantaisies pour les besoins de ma cause, on a voulu me contester le droit de vous soumettre ce genre de pièces, et mon contradicteur, le plus redoutable par sa situation et son usage des fonds secrets, osa prononcer le mot de « trahison ».

Pourquoi ? — Parce que n'étant pas son complice j'avais pu placer sous vos yeux les comptes de ma gestion de 1879 à 1884, précaution indispensable à notre époque où les honnêtes gens sont calomniés, injuriés par la canaille et les imbéciles.

A ce moment, vous m'avez engagé à ne point répondre, en m'écrivant : « Laissez dire et continuez ». Je vous ai obéi ; et si parfois j'ai soulevé le masque et montré la fausseté, la perfidie de certains hommes occupant des postes officiels, tous se trouvaient en situation de se défendre. J'ai donc répondu à des paroles par des actes, à des phrases par des documents.

En 1885 paraissait le livre intitulé : « Mon Premier Crime » où j'établissais, pièces en mains, les rivalités et les inconvénients de deux polices placées, sans contrôle, sous la direction du même chef. La police politique après une lutte vive incessante finissait par écraser la police judiciaire. Cette belle victoire eut pour résultat de soustraire l'indicateur assassin au châtiment qu'il avait si bien mérité.

Le public est toujours curieux de ce qui concerne la vie et la poursuite des malfaiteurs ; je lui ai fait voir dans le « Joli Monde » le défilé de l'armée du mal au *grand jour,* depuis

1.

le faux mendiant jusqu'au chloroformiste qui endort scientifiquement sa victime afin de la mieux dépouiller.

Puis, à la suite de promenades instructives à travers les méandres du Paris-vicieux, parut : « Gibier de Saint-Lazare », tableau d'ensemble du monde de la prostitution, se terminant par des projets de réformes indispensables.

Enfin « Mes Lundis en prison » ont reproduit les types de criminels, non plus cette fois en liberté, mais sous les verrous, avec leurs mœurs, leur argot moderne, et leur façon particulièrement originale de travailler.

Soulevant le toit des prisons, j'ai dépeint les pratiques condamnables qui s'y commettent, et j'espère que d'honnêtes femmes n'auront plus à franchir le seuil de la maison d'arrêt de Saint-Lazare.

Ces révélations, n'ayant rien à voir avec le secret professionnel, ont étonné bien des personnes qui croyaient tout connaître ; elles ont amené et amèneront encore la suppression d'innombrables abus dont la nécessité s'impose.

La réorganisation de la Police municipale, que j'avais réclamée et qui souleva tant de colère est aujourd'hui un fait accompli, elle a commencé au 30 avril 1887 par l'indépendance du Service de sûreté, désormais affranchi de la souveraineté du Chef de la Police Municipale et placé sous la direction immédiate du Préfet.

Voici d'ailleurs la lettre adressée à ce sujet par M. Gragnon à M. Taylor :

« Monsieur le Chef du Service de la sûreté,

» Par arrêté, en date de ce jour, j'ai décidé que vous serez à l'avenir placé immédiatement sous mes ordres et que la direction de la brigade des garnis, chargée de veiller à l'exécution des lois et règlements relatifs à la police des hôtels et des maisons meublées vous sera confiée.

» Cette mesure n'aura pas pour résultat de fusionner en une seule brigade, dont les agents auraient même mission, mêmes charges et mêmes avantages, le Service de la sûreté et le Service des garnis, mais seulement de faire passer sous vos ordres le personnel de ce dernier Service. Chacune des deux brigades conservera les attributions et le régime financier qui lui sont propres aussi bien que l'effectif actuel de ses cadres et de son personnel d'inspecteurs.

» Ni le Service de la sûreté ni le Service des garnis ne sauraient par suite se plaindre d'être lésés dans leurs intérêts.

» En supprimant tout intermédiaire entre le Préfet de police et le Chef du Service de la sûreté, et en vous confiant la direction de la brigade des garnis, j'ai la certitude de mettre dans vos mains des éléments nouveaux de sécurité pour la ville de Paris et d'accroître en même temps la puissance et la rapidité de votre action.

» Recevez, etc.

» *Le Préfet de police*, GRAGNON. »

Le Chef de la Sûreté dispose maintenant du téléphone, du télégraphe, des trains express ; il choisit ses agents et peut, sans intermédiaire nuisible, consulter le dossier des filles galantes et les bulletins des maisons meublées.

Le Service de la sûreté fonctionne donc en toute liberté et ne semble pas s'en porter plus mal. il a, au contraire. prouvé sa vitalité par de sérieux résultats. Il n'arrête pas que les routiniers du vol. mais les auteurs des crimes compliqués, modernes. scientifiques. pratiqués par des assassins à l'esprit inventif, qui échappaient trop souvent à la Justice.

Cette première modification obtenue sans qu'aucune protestation se soit élevée, on reculait toujours l'exécution de la plus grande, de la plus importante réforme. Le 31 août 1889, M. Caubet disparut après avoir su conserver son poste pendant dix années, temps strictement nécessaire pour l'obtention d'une retraite basée sur des infirmités contractées en service, et le lendemain la Police municipale reprenait son vrai caractère, celui qu'elle n'aurait jamais dû abandonner. M. Lozé, Préfet de Police, la rendait cette fois municipale, en confiant au nouveau Chef la direction exclusive de l'honorable corps des gardiens de la paix.

Il a donc fallu dix années et l'expérience de cinq Préfets pour arriver à cette solution.

Le 17 février 1879. M. Albert Gigot en prit l'initiative en imposant un Commissaire de Police à la tête du Service de la sûreté.

Le 9 mars 1881. M. Andrieux confia à ce chef la brigade des mœurs.

Le 1er avril 1884. M. Camescasse conserva la qualité de magistrat au nouveau Chef de la sûreté.

Le 15 avril 1885, M. Gragnon affranchissait enfin le Service, et le 1er septembre 1889 M. Lozé régularisait définitivement la situation de la Police Municipale.

Si à toutes les époques la Préfecture de police a été méconnue, c'est que trop souvent la politique l'a détournée de sa véritable mission protectrice.

M. Lozé l'a bientôt compris, et pour rendre son administration populaire, vient d'accorder une satisfaction aux Parisiens qui, malgré des impôts excessifs, paient encore largement la police, à condition qu'elle assure la libre circulation des voies publiques et la prompte arrestation des criminels.

Que le Service de la sûreté, à son tour, se

garde bien d'endosser la vieille défroque politique de la police municipale, — elle est ron-
gée par la vermine des agents secrets — il
perdrait rapidement le fruit de sa conquête.
La police judiciaire est véritablement son terrain ; en s'y cantonnant, je lui prédis que son
intéressant travail sera couronné de succès. Il
peut ainsi devenir un instrument parfait et la
plus grande force de la Préfecture de police.

Le Chef et les agents possèdent maintenant
la puissance pour agir ; qu'ils n'oublient pas
que plus une attribution rend de services, plus
elle attire l'attention, mais elle encourt aussi
de grosses responsabilités ; c'est donc au personnel de la Sûreté à se montrer digne du pouvoir qui lui est attribué.

Voilà pourquoi, chers lecteurs, je vous ex-
prime ma gratitude. Si à mon début vous m'a-
viez abandonné, il m'aurait été difficile de
poursuivre la campagne que je croyais nécessaire, puisqu'il s'agissait, dans l'intérêt de la
sécurité générale, de supprimer de déplorables
routines qui, en dissipant bien des préventions,
feront mieux estimer les services de la Police
parisienne.

En résumé, nombre d'améliorations et de réformes vainement réclamées pendant le cours

de mes fonctions, se sont réalisées lorsque, n'ayant plus aucun droit, aucun pouvoir, je n'avais qu'une plume à ma disposition pour signaler des pratiques coupables. La réussite de mes ouvrages et l'atteinte approximative du but sont, je puis le dire, les récompenses à mes longs travaux ; je les invoque comme excuse vis-à-vis de vous dont les sentiments auraient pu s'effaroucher de certaines descriptions naturalistes ; mais qui ne touche la plaie n'en peut voir, comprendre, apprécier la profondeur et l'immense désordre qu'elle cause à la société.

Inspirer l'aversion du vice, c'est déjà bien et, avec Théophile Gautier, ce délicat et charmant esprit, je dirai : « Je n'écris pas pour les petites filles dont on coupe le pain en tartines. »

Mes livres ne peuvent être lus que par des hommes s'occupant d'études criminalistes; seuls ils comprennent et voient dans toutes les pages un récit impartial de ce que j'ai vu. N'ayant plus les mêmes motifs de présenter la race humaine avec la crudité d'un ouvrage de médecine, c'est-à-dire par ses côtés répugnants, bas et brutaux, je réserve à mes lecteurs et aussi à mes lectrices la collection des crimes passionnels dont je me suis occupé pendant ma longue carrière judiciaire.

Il ne me reste plus qu'à vous offrir les clés de la vitrine-armoire de « mon musée criminel », mais avant je tiens à vous édifier sur son origine.

Vers la fin du mois de juillet 1877, M. Blanquart des Salines, juge d'instruction, me remit une petite massette et une lame de rasoir.

— Il s'agit, me dit-il, de retrouver la provenance de ces objets couverts de sang, et, pour faciliter mes recherches, ce magistrat me raconta ce qui suit :

« Ce matin, rue Jean-de-Beauvais, j'ai constaté dans un étroit réduit privé d'air, de lumière, la présence de deux personnes étendues sur de la paille rougie par le sang sorti avec abondance de la tête fracassée d'une femme et de la gorge coupée d'un homme. Le suicide me parut avoir suivi de près le crime. Pourquoi ce crime ? Pourquoi ce suicide ?

» L'enquête du commissaire de police établit que l'homme, vieux balayeur des rues, venait depuis huit jours coucher dans le misérable local, moyennant vingt centimes remis par lui chaque soir au concierge. Hier il a dû rentrer clandestinement, d'abord pour ne rien payer.

ensuite pour faciliter l'entrée du taudis à ce genre de filles dites « pierreuses ». La femme assassinée, reconnue, est la cliente habituelle du cabaret de la rue des Anglais. Elle et son amateur sont sortis de l'« assommoir » du père Lunette, vers onze heures, tous deux ivres et se consolidant l'un l'autre.

» Malgré ses mauvaises connaissances, le vieux n'avait pas d'antécédents judiciaires. Je cherche le mobile qui le rendit criminel, car la préméditation existe par l'achat de la massette et du rasoir ramassés auprès des cadavres. Ces objets sont inconnus du concierge. des locataires et des marchands de bric-à-brac tenant boutique aux environs de la place Maubert. »

— Où travaillait ce balayeur ? demandai-je à M. des Salines.

— Carrefour de l'Observatoire, me répondit-il, en ajoutant que le meurtrier prenait ses repas au cabaret de la « Guillotine », rue Galande.

Cette sinistre dénomination provient de la façade peinte en rouge d'une boutique où l'on ne donne pas à manger ; seulement les garçons prêtent des couteaux ébréchés et des assiettes aux consommateurs nantis de rogatons.

2

— Le champ de mes investigations, dis-je au juge en le quittant, est très circonscrit ; comme point central, je vais prendre le débit de vins de la Guillotine, et visiter les rues de la Parcheminerie, de la Harpe et Saint-Jacques, jusqu'au carrefour de l'Observatoire.

Deux heures après j'étais de retour, suivi d'un agent porteur d'un panier rempli de fausses clés, de pinces dites monseigneur, de ciseaux à froid, de serpes, de scies à voleurs et de marteaux, achetés par moi chez un brocanteur de la rue des Feuillantines, et d'où provenaient la massette et la lame de rasoir ensanglantées que M. Blanquart des Salines m'avait confiées.

— J'ai trouvé le marchand, dis-je au juge, il a reconnu les deux instruments, vendus trois francs, hier matin, au vieux balayeur. Et comme je m'étonnais de l'énormité du prix en raison du peu de valeur de la marchandise, il s'est écrié : « Le rasoir avait son manche, et vous ne me montrez pas le couteau de cuisine, qui à lui seul valait les deux tiers de la somme. »

— Ces trois objets, demandai-je à cet homme, figuraient-ils à votre étalage ?

— Au premier rang.

— Leur inscription manque sur votre livre de police ?

— Je ne la croyais pas utile, ces objets ayant été achetés aux enchères publiques, salle du mobilier de l'État, rue des Écoles.

Et me montrant dans le plus sombre coin de sa boutique un tas de ferraille, il me dit :

— Vous pouvez affirmer à la Justice que j'ai tiré de là-dedans les trois instruments.

— Connaissait-il son acheteur ? demanda M. des Salines.

— Pas précisément. Ils s'étaient rencontrés au dépôt d'absinthe de la rue Saint-Jacques, non loin du Val-de-Grâce.

— L'assassin a-t-il donné un motif à son singulier achat ?

— Il a parlé de son frère habitant la province où il allait bientôt se rendre.

— Le vieux balayeur avait bien prémédité son crime et dans ce cas comme dans beaucoup d'autres, l'affaire sera classée sans qu'on puisse jamais savoir les causes qui ont déterminé ce drame sanglant.

— Montaigne n'a-t-il pas écrit « que de la tête la plus saine à la plus détraquée il n'y avait souvent qu'un demi-tour de cheville. »

Ici nous sommes en présence de deux alcooliques invétérés, et c'est dans un moment de lucidité que le vieux « coucheur de poivrières » (femmes ivres) a dû méditer son action. La race humaine seule enfante de pareils actes ; et, préméditée ou non, la mort de cette « pierreuse » et de son meurtrier ne causera aucun préjudice à la société. Ce drame montre une fois de plus que les relations nées le long des ruisseaux se terminent par du sang.

Ce qui me frappe davantage, c'est la présence aux pieds des cadavres, de la massette et du rasoir faisant pour la seconde fois sinistre besogne. Déjà saisis, numérotés, mis sous scellés, déposés au Greffe, avec étiquettes indicatives permettant de les voir figurer également en Cour d'assises sur la table des pièces à conviction, ces souvenirs du crime, après la condamnation des coupables, sont retournés au Greffe pour être livrés à l'administration des Domaines, qui les vend au milieu des objets perdus et non réclamés.

— Ne trouvez-vous pas, monsieur le Juge, qu'il est d'étranges coïncidences? Alphonse Daudet les nomme parfois les « en-dessous de la vie. »

— Ce profond pscyhologue devrait nous trouver un autre terme plus mystérieux, plus

fataliste que cet « en-dessous, » pour peindre
une succession d'actes sanglants, commis par
les mêmes outils achetés au hasard et à des
époques éloignées. N'est-ce pas un nouveau
genre d'atavisme? Le soufle du crime réside-
rait-il dans ces épaves de l'assassinat ?

— C'est là une appréciation qu'il faudrait ap-
puyer sur des faits autrement positifs. Il existe
bien des rapprochements qui frappent l'esprit
du penseur, par l'apparence de fatalité, s'atta-
chant à certains êtres comme à certains lieux.
Sans parler de la fameuse guérite dans laquelle
les factionnaires avaient pris l'habitude de se
brûler la cervelle, ni de la légende du chêne
ensorcelé dont les branches servirent de gibet à
toute une population villageoise, nous avons
été, vous et moi, appelés à voir aux mêmes
endroits se reproduire d'horribles tragédies.
Ce ne sont là que d'étonnants phénomènes
sur lesquels les amateurs du superstitieux peuvent baser des arguments en faveur de leurs
croyances.

— Il est cependant des maisons prédesti-
nées, où le sang appelle le sang, comme il existe
des armuriers, des couteliers, dont les étalages
attirent les criminels. Troppmann, pour n'en
citer qu'un, avait acheté la pelle et la pioche

2.

pour creuser la fosse de ses victimes à un marchand chez lequel trois fois de suite je me suis présenté, en vertu de commissions rogatoires, à l'effet d'établir la provenance d'outils vendus à des assassins.

En examinant avec un soin minutieux le tas de ferrailles du brocanteur de la rue des Feuillantines, j'ai choisi les objets appartenant à l'histoire du crime, et dans ce panier se trouve réuni ce qui est utile pour *monseigneuriser* une porte, forcer une serrure, ouvrir une caisse, intimider les indiscrets. Rien n'y manque, pas même la corde servant à l'escalade, l'avertisseur ou sifflet à roulette et la lanterne sourde. Sur un marteau de maréchal-ferrant adhèrent encore des fragments de cervelle desséchée, et sur la lame d'un couteau à virole mobile j'ai remarqué des taches de rouille qui ne sont autres que du sang. Le marchand de bric-à-brac dit vrai : il a bien acquis au dépôt du matériel de l'État ces instruments au passé épouvantable, car la plupart ont accompli des œuvres sanguinaires. Je trouve ces ventes d'autant plus immorales que les malfaiteurs les connaissent ; — elles sont du reste annoncées par voie d'affiches — ils y assistent et s'entendent avec les brocanteurs pour s'outiller aussi facilement que les marchands de vieux habits les costument selon le temps, l'heure et les circonstances. Avec votre assentiment, monsieur, je vais adresser au Procureur général et au Préfet de police un rapport relatif à la vente aux enchères de certaines pièces à conviction provenant du Greffe, de la Cour d'appel, et présentant des particularités originales, typiques, notamment celles ayant appartenu aux célèbres criminels, et qui, encore souillées de sang, sont remises en circulation.

— Non seulement je vous approuve, mais je vous livre cette masse et ce rasoir qui, je l'espère, ne serviront plus à personne.

Je quittais M. Blancart des Salines, et de retour au commissariat je rédigeai le rapport en question, lequel est allé sans solution, grossir les cartons administratifs.

Nommé Chef du Service de la Sûreté, j'en profitai pour raconter en détail aux Magistrats du Parquet de la Cour, ce qui s'était passé dans le cabinet du Juge d'Instruction.

Des modifications allaient se réaliser quand les événements politiques, plus forts que la volonté des hommes, emportèrent successivement les Procureurs Généraux. J'obtins cependant qu'on me remît les objets sans valeur et c'est ainsi que je possède :

Les marteaux de Ménesclou, Barré, Abadie, Bellanger, Bonfils, Bistor, Mariez, Métral, Gaillepaud, Spreesert ;

Les masses de Schombert, Minard ;

Les hachettes de Weissahaart, Lachaize ;

Les crânes défoncés, ràclés et vernis de quelques-unes de leurs victimes ;

La boucle de tender avec laquelle Prévost fracassa la tête du bijoutier Lenoble ;

Le rouleau à pàtisserie du jeune Ollivier ;

Les couteaux de Lemaitre, Ferry, Martin, Gille, Pigeonnat, Perrette ;

Le poinçon de Lacroix ;

Le nerf de bœuf de Gastin ;

Le siphon brisé de Foulloy ;

Le rasoir de Rolin ;

Le foulard de Coché ;

Les courroies de Blin et Béghin ;

Le bàillon des Fenayrou ;

Moyennant cinq francs remis pour chacun des objets, le garçon de bureau de service me les apportait et je lui en donnais décharge par l'apposition de ma signature sur un livre spécial.

Voilà de quelle façon j'ai réuni ces épaves du meurtre, du vol et de l'infamie, car tous ont un état civil effroyable.

En quittant volontairement mes fonctions, j'avais le désir de laisser aux Archives du Service, mon « armoire du crime », mais j'ignorais encore le nom de mon successeur et j'appris le lendemain, que par un ordre de la Police municipale mon cabinet et mes bureaux que j'avais eu tant de peine à obtenir étaient évacués. M. Caubet, redevenu maître de la situation, voulut restituer au Service de la sûreté son ancienne forme, c'est-à-dire la replacer sous le commandement d'un officier de paix. M. Camescasse résista, sentant la nécessité de maintenir un commissaire de police à la tête de cet important Service. Son chef de Cabinet, M. Puybaraud, estima comme lui que les intérêts du public devaient cette fois passer avant l'amour-propre et les personnalités ; tous deux imposèrent donc leur volonté et M. Kuehn entra en fonction deux jours après mon départ annoncé officiellement et par écrit depuis six mois.

Ce fait matériel explique mieux que toutes les paroles quelle a été l'ardeur de la lutte entre le Cabinet et la Police municipale.

Mon ami Kuehn m'adressa au sujet de sa nomination une dépêche à Champigny.

Je la transcris :

« Signé à midi, en ma présence, j'y suis.
« Cordialités. »

Ce courageux serviteur ne se doutait pas qu'on venait de signer son arrêt de mort.

En attendant que nous pussions nous entendre au sujet des pièces à conviction pourvues de leurs scellés, je lui fis parvenir une série de faux billets de banque.

Le 28 novembre 1885, M. Kuehn mourut subitement dans mon ex-Cabinet du quai des Orfèvres. Son secrétaire Martini porta la douloureuse nouvelle à Mᵐᵉ Kuehn ; après avoir accompli cette délicate mission, il fit mettre le corps de son chef regretté sur une civière, et les agents Gaillarde, Demougeot, Jaume, Lindas, Obermeyer, Rossignol, vinrent le déposer chez la pauvre veuve qui, seule, a connu les souffrances de cette nouvelle victime de la Police municipale.

A la suite de ce décès, ma correspondance amicale fut saisie, car mon honorable successeur avait, lui aussi, eu le don de déplaire ; sa décoration gagnée à la suite de blessures reçues au service militaire, où il avait laissé pour acquit son avant-bras gauche, faisait pâlir certains rubans rouges obtenus sans mérite et par faveur. Ce manchot leur montrait comment il avait servi son pays.

Après la mort de Kuehn, son cabinet, ses bureaux furent de nouveau dispersés, et c'est seulement au mois d'avril 1888 que M. Goron en a repris possession.

J'ignore quel sort on eût réservé aux objets formant ma collection, mais je compte leur assurer un avenir, car j'ai l'intention formelle de les déposer soit dans une salle d'anthropologie, soit au musée des services publics qu'il est question de créer au Palais des Arts libéraux.

M. Guillot, juge d'instruction, moraliste et historien, dans son bon et beau livre : *Paris qui souffre,* a déjà réclamé la centralisation des pièces à conviction offrant un intérêt scientifique et judiciaire.

« Les magistrats, les médecins, a-t-il écrit, trouveraient là des indications, des analyses, des éléments de comparaison qui serviraient à les éclairer, à leur éviter des erreurs dans des affaires analogues et leur fourniraient des renseignements très précis sur une foule de points déjà traités. »

Quant aux photographies des assassins et de

leurs victimes que vous allez voir, chers lecteurs, la plupart ont figuré dans les salles de
réception de nos journaux quotidiens, dans
les publications illustrées et dans les lanter-
nes magiques installées sur nos voies publiques.
Le musée Grévin expose les portraits en cire
de Campi, de Gamahut, de l'horloger Pel; il
y a même un emplacement consacré à l'émou-
vante scène où le brigadier de la Sûreté Rossignol, quoique frappé de plusieurs coups de
poignard, n'en arrête pas moins l'anarchiste
Duval, qui avait pillé et incendié l'hôtel de
M⁽ᵉ⁾ Madeleine Lemaire.

Parmi les autres types, beaucoup sont morts,
et les vivants appartiennent à cette catégorie
de récidivistes incorrigibles, pensionnaires ha-
bituels des maisons centrales. Les principaux
seuls seront nommés.

Et maintenant, pour terminer cette revue
rétrospective, je commence la description de
mon musée criminel, par la reproduction réduite d'une photographie d'amateur représentant l'*ancien Petit Parquet.*

La nuit du 23 mai 1871, Paris brûlait :
d'énormes flammes tourbillonnant dans le ciel
empourpraient l'horizon et coloraient les flots

Ancien petit Parquet.

de la Seine d'une teinte sanglante. Le feu semblait avoir remplacé le soleil dans cet embrase-
ment général.

Au milieu de vastes brasiers, les toitures, les
coupoles des Tuileries, de la Légion d'honneur, de la Cour des comptes, du Conseil d'Etat,
de la Caisse des dépôts et consignations, du
Ministère des finances et du Grenier d'abondance s'écroulaient en produisant par inter-
valles des bruits pareils aux grondements
d'orage.

La torche à la main, des escouades d'incen-
diaires, avant de mettre le feu, avaient d'une
façon précise, méthodique, pris le soin de badi-
geonner avec du pétrole ces palais et ces mo-
numents. Par défiance, elles-mêmes s'étaient
attelées aux lourds camions chargés de mèches
soufrées et de bonbonnes remplies d'huiles
minérales.

Dans la matinée du 24 mai, le Palais de Justice, l'hôtel du Préfet de police et ses dé-
pendances, dénommées par les pétroleurs et
les pétroleuses « *boîte aux curieux* » (1) subis-
saient le même sort, et c'est par miracle que la

_____

(1) Argot de prison. *Boîte* signifie mauvais établissement
et *curieux*, juges.

Sainte-Chapelle resta debout au milieu des décombres.

Pour la troisième fois (1618-1776-1871) les archives du vieux Palais, ainsi que celles de la Préfecture de police étaient anéanties. Les ordonnateurs de ces destructions, voulant d'un seul coup supprimer les dossiers administratifs et judiciaires de leurs complices, passèrent des éponges enflammées d'essence sur des antécédents qui devaient les frapper, comme de véritables malfaiteurs. car certains actes de la Commune n'ont rien de politique et appartiennent de plein droit au domaine de la criminalité.

Après les désastres de la guerre, les ruines de la Commune, on s'occupa de réparer provisoirement les dégâts causés par les incendies afin d'installer d'urgence les services indispensables.

La photographie de l'*ancien Petit Parquet* tirée comme les deux suivantes à une vingtaine d'exemplaires donne la physionomie de ce bâtiment, non pas au lendemain du 24 mai 1871, mais en 1880, au moment où il allait disparaître pour faire place à de nouvelles constructions.

Les magistrats et le public pénétraient dans

l'intérieur de l'ancien **Petit Parquet** par la tourelle pentagonale en pierre adossée à une façade Louis XIII, d'assez grand caractère ; cette tourelle ne comportait qu'un seul étage, elle était couverte en ardoise, et sur la face parallèle au mur contre laquelle elle était adossée se trouvaient percés deux petits œils-de-bœuf. Les prisonniers et leurs gardiens avaient leur entrée spéciale ouvrant sur la cour Saint-Martin, vis-à-vis du Dépôt. Les cabinets des juges, des substituts, étaient exigus, sans jour, et les sombres couloirs mal éclairés permettaient aux inculpés de s'entendre, de correspondre et de s'évader.

La nouvelle installation du **Petit Parquet**, plus pratique, est encore insuffisante, défectueuse, pour les nombreux et rapides services qu'il rend quotidiennement. Sa communication avec le **Dépôt** est maintenant directe.

Le **Dépôt** est une immense geôle dépendante de la **Préfecture de Police**. Il est installé sous les sous-sols des bâtiments de la Cour d'assises et sert d'antichambre aux autres prisons ; il ne peut recevoir que les personnes provisoirement mises en état d'arrestation, lesquelles, sans exception, doivent dans les quarante-huit heures, comparaître en présence des magistrats instruc-

teurs attachés au Petit Parquet. Elles sont
sommairement interrogées par des substituts
qui, au nom du Procureur de la République,
ont le pouvoir de les relaxer, mais sans avoir
celui d'ordonner leur transfèrement à la maison d'arrêt de Mazas. Les juges seuls ont qualité pour signer l'ordre d'écrou. L'inculpé, à
partir de ce moment, lui appartient; c'est le
début de la détention préventive. Il est donc
nécessaire que les magistrats puissent facilement communiquer entr'eux, car il entre
chaque jour au Dépôt de 150 à 200 prisonniers
et son mouvement de va-et-vient avec le Petit
Parquet est incessant.

Les deux photographies ci-après représentent:
1° la tourelle circulaire en encorbellement
connue sous le nom de *Tourelle de la Reine
Blanche*; 2° les *Arcades de la Cour Saint-
Martin*.

L'arc ogival de la principale arcade reposait
sur deux colonnes engagées portant chapiteaux
composés de figurines représentant **un moine**
et une nonne se tenant par la main; ce groupe
était désigné sous le nom : « *Du moine et de la
nonne luxurieuse* ». La grande arcade donnait
accès à un caveau avec voûte d'arête dont on
pouvait voir encore les nervures.

Ancienne Tourelle de la Reine Blanche.

Ancienne Cour Saint-Martin.

On fut obligé de démolir cette tourelle et ces arcades dont les pierres calcinées et les pans de murailles menaçaient ruines.

La cour Saint-Martin éclairait le Dépôt, les salles des assises, la Cour de Cassation; et le public pouvait apercevoir la fenêtre grillée du cachot de Marie-Antoinette.

Les voitures cellulaires, transportant les détenus envoyés des commissariats à la Préfecture de Police, pénètrent encore dans cette ancienne cour transformée pour y déverser leur contenu soit à la Permanence, soit à l'entrée du Dépôt.

En dehors de ses services, le Palais de Justice comprend dans son enceinte la Sainte-Chapelle et deux prisons : la Conciergerie et le Dépôt.

La Préfecture de Police a jusqu'ici été plutôt enchevêtrée dans tous les recoins du Palais de Justice que reliée à lui, et, si ces deux puissantes administrations se sont à peu près supportées, c'est plus par raison que par sympathie. Un récent procès faillit provoquer leur divorce; mais il existe une telle solidarité entre elles qu'il sera difficile de les séparer.

Voilà plus de trente-six ans que la Préfecture de Police a été expropriée de la rue de Jérusalem, et son appropriation provisoire dure toujours. De 1853 à 1871, les bureaux occupaient les maisons en façade de la rue du Harlay (numéros impairs), et depuis le commencement de l'année 1872 elle est casernée pour ne pas dire prisonnière du Conseil municipal qui tient à réaliser son rêve : s'emparer de la police. La fin de cette grande et indispensable institution me paraît prochaine (1), à moins que l'Etat, par un acte résolu, énergique, ne centralise sous sa main tous les services nécessaires à son fonctionnement. Le gouvernement doit compter sur l'action de sa police, qui est un organe du pouvoir central, pour cela il lui suffirait de la soustraire aux agissements, de plus en plus révolutionnaires, du Conseil municipal (2) en lui assurant du même coup un local convenable qu'il serait facile de trouver par la réunion de la caserne de la Cité aux deux Hôtels d'Etat-Major

(1) En 1872, MM. de Kératry, Brisson et Floquet demandaient sa suppression. M. Michelin, au mois de juin 1888, a également réclamé cette suppression avec le rétablissement de la mairie centrale. — Depuis six ans, le budget de la Préfecture de Police est rejeté en bloc par la majorité radicale du Conseil municipal. Sa dernière décision est du 31 décembre 1889.

(2) 27 décembre 1889. — Le Conseil municipal décide que des dénominations nouvelles seront données à diverses rues de Paris ; on y voit figurer ceux de Danton, Sauterre, Millière et Blanqui.

du boulevard du Palais. Des passages souterrains relieraient ces bâtiments avec le Palais de Justice et le Dépôt.

Ce projet déjà discuté en 1878 est resté à l'état de projet; en le réalisant, le Palais de Justice reprendrait possession des locaux lui appartenant et qui sont occupés par des services actifs et administratifs de la police. On pourrait alors achever les travaux, et cette nouvelle organisation permettrait d'agrandir le Dépôt et la Conciergerie où le jour, l'air manquent, malgré des améliorations incontestables. On pourrait aussi convertir les emplacements disponibles en cellules destinées aux femmes inculpées de crimes ou délits de droit commun afin d'éviter leur translation à Saint-Lazare.

Le système cellulaire appliqué aux hommes et aux femmes offre des avantages indiscutables, et c'est principalement au Dépôt où il devrait être mis en pratique pour prévenir de tout contact l'inculpé et lui éviter les mauvais conseils.

La population moyenne du Dépôt est de 600 à 700 pensionnaires.

M. Delangle, ministre de la justice, finissait, en 1853, son rapport en annonçant un délai de vingt années pour terminer le Palais de Justice

et la Préfecture de Police ; trente-six ans se
sont écoulés et si l'œuvre est loin d'être achevée
les dépenses en installations provisoires et suc-
cessives évaluées, en 1856, à trois millions
furent portées, en 1860, à huit millions et en
1877, elles atteignirent trente-six millions. Ces
dépenses sont réparties au compte de l'Etat, du
département et de la ville de Paris, il y a là
trois actions distinctes et plusieurs sortes de
paiements.

L'accord existe toujours lorsqu'il s'agit de
recevoir l'argent des contribuables, mais le contraire se produit quand il faut ouvrir de nouveaux crédits ou même prolonger les anciens.

. . . .

Les chefs-d'œuvre de l'art respectés par le
temps périssent trop souvent à la suite d'incendies volontaires, qui deviennent la dernière raison des révoltés et la triste fin des guerres
civiles chez tous les peuples. Le terrible, l'impitoyable feu dévore brutalement, en quelques
heures, de magnifiques collections, de religieux
souvenirs, des documents d'une haute valeur
historique représentant parfois, pour les réunir, plusieurs siècles de persévérance.

Malgré son désastre, la Préfecture de police
possède encore une partie de ses anciennes

archives, et lorsque, le 25 novembre 1889,
M. le bâtonnier Cresson, dans son discours
prononcé à l'occasion de l'ouverture de la conférence des avocats, s'exprimait ainsi : « Le
28 novembre 1846, j'assistais, pour la première
fois, à la conférence, et devant la Sainte-Chapelle, entourée de chantiers, cachée sous les
échafaudages, je me fis indiquer, non sans
peine, le lieu de l'assemblée, la Bibliothèque.
Pauvre Bibliothèque, anéantie par les incen-
diaires de 1871 et toujours regrettée! Elle
n'était pas ce couloir long, étroit, incommode
et malsain, dans lequel, depuis dix-huit ans,
l'Ordre n'a pu se réunir. Il est vrai, d'ailleurs,
que les constructions du vieux palais n'étaient
ni monumentales, ni somptueuses. »

M. le bâtonnier a dû se souvenir, en parlant
de la riche bibliothèque des avocats, réduite en
cendres, que l'ancien préfet de police, du
3 novembre 1870 au 10 février 1871, avait
sauvé certains documents appartenant à l'administration confiée à sa garde. C'est, en effet,
grâce à la vigilance de M. Cresson que les écrivains pourront encore puiser de précieux éléments sur la vie politique parisienne. A l'époque
si difficile du siège, au moment où les obus
prussiens éclataient sur la ville assiégée, cet

intègre magistrat, tout en faisant distribuer les
fonds secrets mis à sa disposition aux victimes
du bombardement, aux blessés, aux familles
sans pain et réfugiées dans les caves, donna
l'ordre de construire un caveau destiné à recevoir
une quantité considérable de registres, pièces
et notes que les incendies de mai 1871 n'atteignirent point. Les papiers n'ayant pas été mis
à l'abri devinrent la proie des flammes, et les
cartons contenant les enquêtes sur les émeutes
survenues à Paris depuis 1720 furent anéantis.

Parmi les dossiers brûlés figuraient :

L'Histoire de la société au milieu du dix-
huitième siècle ;

Les motifs de l'incarcération de Saint-Just.
arrêté en 1786, à l'âge de dix-neuf ans, sur la
demande de sa mère ;

La grosse enquête sur l'affaire dite du Collier
de la Reine ;

Les pièces relatives aux événements du
10 août 1792 ;

Les procès-verbaux des séances tenues par
les comités révolutionnaires ;

Les procès-verbaux relatifs aux massacres de
septembre ;

Les bons de réquisitions pour fournitures de

paille à l'effet de masquer le sang des victimes répandu sur le sol;

Les registres des prisons de la Conciergerie, de la Grande et de la Petite-Force, de Saint-Lazare, des Madelonnettes et de l'Abbaye.

Ce dernier, plus connu sous le nom de « registre des massacres », contenait les écrous des malheureux qui périrent pendant les sanglantes journées de septembre.

Au point de vue des recherches historiques la disparition de ce document est regrettable. Heureusement que M. Eugène Labat, archiviste de la Préfecture de police, mort en 1867, avait eu la bonne inspiration d'en prendre pour lui, à titre de curiosité, une copie partielle retrouvée dans ses papiers. Cette copie est d'autant plus précieuse qu'elle a été faite en *fac-simile*; chaque page commençant et finissant comme l'original, les ratures, les surcharges, ainsi que l'orthographe ont été imités avec la plus scrupuleuse exactitude.

M. Léon Labat, afin d'atténuer la perte éprouvée par les Archives, leur a fait don du manuscrit de son père, et, pour éviter une nouvelle suppression, il a paru nécessaire de reproduire par la photographie les trente feuillets de cet ancien registre, feuillets destinés à nos principales bibliothèques.

Je possède un de ces rares exemplaires que je ne puis donner en son entier, mon volume ne devant comporter que trente-six planches, dans lesquelles je désire faire figurer les types principaux de malfaiteurs, ainsi que les objets connus aux seuls habitués des cours d'assises.

Le registre des massacres représentait un in-folio, recouvert en parchemin jaune, ayant 34 centimètres de hauteur sur 23 centimètres de largeur; il contenait 187 feuillets cotés et paraphés, par Henri-François de Paule Lefèvre d'Ormesson, président du tribunal du sixième arrondissement de Paris (1).

Le registre, commencé le 3 août 1792, s'arrêtait au 29 janvier 1793. Sur la feuille de garde était tracée l'inscription suivante :

Cedo rationem carceris, quæ diligentissime conficitur, quo quisque die datus in custodiam, quo mortuus, quo necatus sit.

                      CICERO, *in Verrem.*

Sur le premier feuillet, il y avait la mention d'ouverture, signée par Lefèvre d'Ormesson.

(1) La *Gazette des Tribunaux*, dans ses numéros des 4-7 janvier 1884, a donné le détail des écrous présentant de l'intérêt au point de vue des massacres. Les articles son signés L. Labat, ancien archiviste de la Préfecture de police.

Le Livre d'Ecrou

———

Cedo rationem censoris, quæ diligentissimè
confecta, ut neque quisque die datus in acta diem,
quæ mortuus, quæ natus sit.

Cicero in Verrem.

———

premier feuillet

Lefevre Dormesson

Le présent Registre contenant cent quatre vingt
sept rolles ou feuillets a été cotté et paraphé par
Nous Henri François de Paule Lefevre d'Ormesson
juge Président Le tribunal du sixième arrondissem.t
du Département de Paris séant à la cydevant abbaye
S.t Germain des Prés pour servir d'heure aux loisirs
de la Geolle des Prisons de l'abbaye S.t Germain des Prés
ce Vingt aoust mil sept cent quatre vingt douze
l'an 4.e de la liberté. † au désir de notre ord.e de ce
jour. / †† ou maison d'arret de la cydevant

Lefevre Dormesson

La planche 3 donne en *fac-simile* l'inscription et le procès-verbal d'ouverture.

Au deuxième feuillet, portant la date du 3 août 1792, 4ᵉ de la liberté, se trouve, à gauche et en marge : « Le S. Jousseau, député, a été mis en liberté en vertu d'un décret de l'Assemblée nationale, en date de ce jour. »

Au huitième feuillet et à la date du 8 août, il y a cet écrou : « Pierre-Denis Rochez, sapeur au bataillon de la Trinité, a été écroué en vertu d'un mandat d'arrêt signé de M. Menjaud, juge de paix, prévenu d'avoir tiré le sabre dans la rixe aux Champs-Élysées. » (Du 4 septembre 1792. Rochez, jugé par le peuple et sur le chant (*sic*) mis en liberté.)

Sur le neuvième feuillet, des 10-11 août, cinquante-six noms placés en colonne désignent les officiers et les gardes suisses pris au château des Tuileries.

En marge de ce long et collectif écrou, Maillard a écrit le mot sinistre : « Mort. »

Les écrous suivants sont ainsi libellés :

11 août. — Ont été écroués en vertu d'ordres verbaux du Comité central et qui ont été amenés et escortés par des citoyens de différentes sections comme ci-devant gardes du Roi.

Suit une liste de vingt-six noms. (Morts.)

4

12 août. — François La Pize a été écroué en vertu d'un mandat d'arrêt de l'assemblée générale de la section du Luxembourg, comme homme suspect. (En liberté du 3 au 4 septembre 1792. François La Pize, jugé par le peuple et mis en liberté. — A mort. — Incertain.)

Sur l'original, les deux mentions : « En liberté » et celle : « A mort » sont rayées. Le mot incertain est intact.

Un doute s'est produit sur le sort réel de cette victime, puisqu'on a biffé les mots liberté et mort pour mettre incertain.

16 août. — Pierre-Thomas Gibaut, écroué en vertu d'une ordonnance de M. Miles, commissaire de la section des Gobelins.

Au moment d'achever le mot *liber,* on l'a rayé pour ajouter « Mort sur-le-champ. » (Du 4 au 5 septembre, le sieur Thomas Gibaut a été jugé par le peuple et mis en *liber* mort sur-le-champ.

19 août. — « M. de Montsabré, aide de camp de Brissac, écroué en vertu d'un ordre des administrateurs de police et garde nationale, membres de la commission de surveillance. » (Du 4 septembre. Mort. Le sieur Monsabré a été jugé par le peuple et sur-le-champ mis à mort.)

Le mot « Mort » est écrit par Maillard.

Le véritable nom de cette victime est Monsabré ; elle a voulu s'évader par le conduit d'une cheminée dont l'orifice se trouvait grillé. Les geôliers la reprirent en brûlant de la paille dans le foyer.

22 août. — M. Monmorin, ex-ministre des affaires étrangères, écroué en vertu d'ordre du comité de sûreté générale. (4 septembre. Le sieur Monmorin a été jugé par le peuple et exécuté sur-le-champ.)

24 août. — « Le nommé Fouquet, écroué en vertu d'un ordre de MM. les administrateurs du comité de surveillance. »

Maillard s'est contenté de mettre seulement la lettre M. (M. Du 3 au 4 septembre, le sieur Fouquet a été jugé par le peuple et mis à mort sur-le-champ.)

26 août. — « Les sieurs Vandmerg, Auvermann et Haudric, écroués en vertu des administrateurs de police du comité de surveillance et de salut public. » (Morts tous trois d'après le jugement du peuple. — Cette mention est de la main de Maillard.)

30 août. — « Mme Fausse-Landry, nièce de M. Chappex (pour Chapt), Rastignac, écroué (sic) en vertu d'ordre de MM. les administrateurs au département de police et de salut public, signé Sergent et Caly. »

Sur la marge, on lit :

« En liberté, » écrit par Maillard, et ensuite :
« du 4 septembre. A été jugé (*sic*) par le peuple
et sur-le-champ mise à mort. »

Maillard, s'étant aperçu de cette erreur qui
pouvait être fatale à Mme Fausse-Landry, a
rayé les mots « à mort » et mit une seconde
fois « en liberté ».

Voici encore un écrou collectif concernant
trente victimes, notamment des ecclésiastiques,
du 1er septembre 1792 :

« Les suivants ont été écroué (*sic*) ce jour, en
vertu d'ordre des administrateurs de la police
et de la surveillance de la ville :

Royer, ancien curé.

Simon, prêtre, cy-devant chanoine.

Bey, prêtre.

Gervais, ancien chanoine.

Dubois, ancien curé.

Cappeau, prêtre.

Benoît cadet, prêtre.

L'abbé Saint-Clair.

Trubert, ancien curé.

Salomon, prêtre vivant.

Huré, prêtre.

Seron, avoué.

Villiers.

Loys.

Gury l'aîné.

Gury cadet.

Jos. Mathis.

Despomeray, prêtre.

Godard, prêtre.

Trestondant.

Dubouzet, prêtre.

Hurtrel l'aîné, prêtre... Mort.

Hurtrel cadet, prêtre... Mort.

Rateau, prêtre.

Piat.

Gaubert, prêtre.

Waleker.

« 1° Par jugement du peuple du 4 et 5 septembre 1792 tous les personnes cy-inclus (*sic*) dans cet écrou au nombre de vingt-neuf (il y a vingt-sept noms), ont été mis à mort sur le champ. A ce qu'une grande partie du peuple ont assuré. »

« 2° Du 4 au 5 septembre 1792. Le sieur Salomon, prêtre, a été mis en liberté par le peuple et le s. Benoist Louis Simon aussi, prêtre. »

« 3° Vilers vivant. »

« 4° Hurel l'aîné, mort. »

« Hurel cadet, morts tous deux du 2 au 3 septembre 1792. »

C'est ce dernier écrou et plusieurs autres qui font l'objet de la planche 4.

La copie du registre, faite par M. E. Labat, s'arrête au 4 septembre par cette triste mention : « Le sieur Claude Guyer est entré à la prison de l'Abbaye et a été exécuté un quart d'heure après par le peuple. »

En résumé, il y a eu du 3 août au 4 septembre, 263 personnes écrouées, sur lesquelles 127 ont été massacrées, 43 remises en liberté, 54 changées de prison et 39 dont le sort est resté inconnu.

Que venait donc faire sur la feuille de garde du registre d'écrou de la prison de l'Abbaye cet extrait du discours de Cicéron contre Verrès ?

« Donnez-moi un registre d'écrou tenu avec le plus grand soin et qui indique le jour de l'incarcération, de la mort et de l'exécution. »

Cedo rationem carceris, montrez-moi le registre d'écrou, disait, il y a près de deux mille ans, le plus grand orateur de l'antiquité. En parlant ainsi Cicéron reprochait à Verrès toutes les violences qu'il avait exercées, tous les meurtres qu'il avait commis, sans que le registre de la prison de Syracuse fît mention des victimes qui à leur arrivée en prison étaient exécutées : *quo quisque die datus in custodiam, quo mortuus, quo necatus sit.*

... jugement du peuple du 3 7bre 1792
tous les personnes cy incluses dans ce ... au
nombre de vingt neuf, ont été mis à mort
... le change — De ... Grande prêtre
du peuple ont ...

Dans ce 8 7bre 1792 le Sr Salomon
prêtre a été mis en liberté
par le peuple et le Sr ...
... Simon ancien prêtre

Villers vivant

Brutal l'ainé mort
Brutal cadet mort ...
du ... au trois 7bre 1792

Du 1er Septembre 1792

Les dénomés ont été ... ...
... ... les ...
... ...

Roger ancien curé — mort
Simon prêtre cy devant chanoine
Fey Prêtre
Gervais ancien chanoine
Dubois ancien curé
Cappeau Prêtre
Benoist Prêtre
Benoist cadet Prêtre
Abbé St Clair

Suite du 1 7bre 1792

Herbert ancien Prêtre vicaire
Salomon Prêtre
J.B. Simon Prêtre vivant
Huré Prêtre
Seron avoué
Villers
Loys
Guery l'ainé
Guery cadet
Laurent (abbé)
Jos. Mathis
Godard prêtre
Despommeray Prêtre
Exestendant
Dubourg Prêtre
Brutal l'ainé Prêtre ... mort
Brutal cadet Prêtre ... mort
Robau Prêtre
Piat
Gaubert Prêtre
Waleker

Du 1.er Septembre 1792

Le Sieur pierre françois Maton agé de
38 ans natif de Sève domestique du [...]
Mouvement de communication [...] bry [...] rue
Beautreillis N.º 8 [...] complicité
avec des maîtres [...] à des citoyens
Dans ces [...] vû la [...] de l'état, a été
[...] en vertu d'un mandat d'amener. Jean
[...] signé P[...] commissaire de la
section de l'arsenal, et déjà [...] les roy d'[...]
nommer

Du 1.er Septembre 1792

Le Sieur René hipolite Lepochard
[...] agé de [...] ans natif de [...]
[...] paroisse à S.t Domingue demeurant rue
Bourgtrottin N.º 8 [...] prévenu d'entretenir de[...]
[...] complaisance conductice à la dépréd. de l'état
a été [...] en vertu d'un mandat d'amener
[...] San Domingue en [...] commissaire
de la section de l'arsenal antérieur par les
roy d'état nommer

Du 1.er Septembre 1792
Le Sieur [...] officier municipal a
[...] écroué en vertu [...] de l'état major
général de garde nationale parisienne,
et signé le commandant général parisienne
[...]

Du 2e 7.bre 1792
Le Sieur Decrenan a été [...] déposé avec
[...] des [...] qui y ont été [...] par ordre
d'expédition des administrateurs au département de
police et signé par [...], Lespée et Lesp[...]

Du mercredi 22 7.bre 1792
Ont été [...] en liberté par ordre de messieurs
les administrateurs au Département de
police, membre du comité de surveillance
avec chalet [...], signé [...]
[...]

Du 2e 7.bre 1792

Le Sieur Decrenan a été écroué en vertu d'ordre
de Mathieu les administrateurs de police
membre du comité de surveillance, et
signé Panis et autres

Et voilà qu'au moment de la Révolution, en tête du registre de la prison de l'Abbaye, l'un des derniers représentants de cette grande magistrature d'autrefois, un Lefèvre d'Ormesson, rappelle au directeur de la maison d'arrêt, ces formes légales qui étaient de rigueur même chez les païens. On dirait vraiment que ce descendant de l'illustre famille des d'Ormesson avait pressenti les abominations qui allaient se commettre.

Est-ce cruelle ironie? ou protestation contre le mépris de toute légalité dont ces pages allaient porter le sanglant témoignage? Nous l'ignorons. Mais lorsque les philosophes, les historiens, les criminalistes consulteront certains registres d'écrous, ils n'y verront qu'un horrible nécrologe mentionnant des noms par séries de 5, 20, 25, 30 et 50 avec ce seul mot : « morts ».

En vérité, ce n'était pas la peine de mettre en tête de ce registre une sentence si belle pour lui donner un si cruel démenti.

Quel funeste usage faisait-on déjà de la proclamation des Droits de l'homme, des grands principes de l'immortelle conquête de 1789!

C'est donc à bon droit que le 8 novembre 1793, Mme Roland s'est écrié en marchant à l'échafaud : « O liberté! que de crimes on commet en ton nom !... »

A notre époque, on voit sur nos palais, nos églises, nos écoles, nos prisons, cette inscription : Liberté, Égalité, Fraternité, et ces mots sonores et creux, comme tout ce qui résonne, forme une superbe devise qui analysée offre la pire des mystifications.

Pendant la Commune les juges étaient remplacés par des bourreaux, et les preuves en sont largement fournies par M. Maxime Du Camp dans son ouvrage intitulé : « Les convulsions de Paris. »

On faisait si peu de cas de la liberté individuelle et de la vie humaine que les formalités de l'écrou n'étaient pas longues. Combien de personnes arrêtées comme suspectes étaient jugées, exécutées, sans laisser aucune trace de leur passage en prison !

Le 22 mai 1871, une translation de prisonniers s'effectua de la prison de Mazas au Dépôt des condamnés, et le reçu remis par le greffe de la Roquette est ainsi libellé : « Reçu 40 curés et magistrats. »

Parmi ces curés et ces magistrats se trouvaient Mgr Darboy, le président Bonjean, l'abbé Deguerry, les Pères Allard, Clerc, Ducoudray.

Les 24, 25 et 26 mai, au moment de fusiller les otages par fournées, on s'aperçut que la plupart n'étaient pas portés sur le registre d'écrou.

Des femmes ont été mises sans aucune formalité, dans des cellules spéciales aux condamnés à mort.

Il faut lire l'*Insurgé* de Jules Vallès; voici ce qu'il dit au sujet de l'exécution des otages de la grande Roquette :

« Et de quel droit, au nom de qui a-t-on tué? La Commune tout entière est responsable de cet égorgement. Nous avons des éclaboussures de leur cervelle sur nos écharpes !... Cette boucherie est horrible ! Ces gens étaient âgés, prisonniers, sans armes !... On criera que c'est une lâcheté. »

Et, dans une lettre adressée à sa mère, il déclare ceci :

« J'ai bondi de douleur quand on m'a appris qu'on brûlait, et j'ai pleuré des larmes de sang quand la rumeur de l'exécution des otages est venue !... »

Depuis Estienne Boylève, élu en 1250, premier Prévôt de Paris par le roi Louis IX, jusqu'en 1890, où les Préfets sont devenus Lieutenants du Ministre de l'Intérieur, la création de la police a toujours eu pour but de maintenir la propriété et la sûreté individuelle. Six siècles se sont écoulés en faisant disparaître la Légiti-

mité pure, deux Républiques, deux Empires,
l'un absolu, l'autre libéral ; deux Restaurations,
la Monarchie constitutionnelle, et, sous ces diverses formes de gouvernements l'irresponsa-
bilité des actes arbitraires de la police a résisté
et subsiste encore. C'est le seul moyen, paraît-il,
d'arriver à supprimer tous les attentats. Ne serait-il pas plus naturel et plus moral, qu'une
bonne direction ne laissât aux malfaiteurs de
tous genres aucun espoir de succès ?

Voici la liste chronologique des Lieutenants,
Ministres et Préfets de police :

*Lieutenants généraux de police créés en vertu
de l'Edit du 15 mars 1667 :*

1° De la Reynie, né à Limoges. — Du 19
mars 1667 au 29 janvier 1697 ;

2° Marquis d'Argenson, né à Venise. — Du
29 janvier 1697 au 16 janvier 1718 ;

3° Machault, né à..... — Du 16 janvier 1718
au 18 janvier 1720 ;

4° Comte d'Argenson, né à Paris. — Du 18
janvier 1720 au 2 juillet suivant ;

5° De Baudry, né à..... — Du 2 juillet 1720 au
26 avril 1722 ;

6° Comte d'Argenson, né à Paris. — Du 26
avril 1722 au 31 janvier 1724 ;

7° Ravot d'Ombreval, né à..... — Du 31 janvier 1724 au 29 août 1725 ;

8° Hérault, né à Rouen. — Du 29 août 1725 au 3 janvier 1740 ;

9° Feydeau de Marville, né à..... — Du 3 janvier 1740 au 27 mars 1747 ;

10° Berryer de Ravenoirville, né à..... — Du 27 mars 1747 au 16 novembre 1757 ;

11° Bertin de Bellisle, né à... — Du 16 novembre 1757 au 27 novembre 1759 ;

12° De Sartines, né à Barcelonne. — Du 27 novembre 1759 au 23 août 1774 ;

13° Le Noir, né à Paris. — Du 23 août 1774 au 14 mai 1775 ;

14° Albert, né en Dauphiné. — Du 14 mai 1775 au 19 juin 1776 ;

15° Le Noir, né à Paris. — Du 19 juin 1776 au 11 août 1785 ;

16° Thiroux de Crosne, né à Paris. — Du 11 août 1785 au 14 juillet 1789.

Période révolutionnaire de 1789 à 1800.

POLICE TRANSITOIRE

Le 14 juillet 1789, la Lieutenance de police fut supprimée et un « Comité permanent » s'installa présidé par le Prévôt des marchands.

Paris était alors divisé en soixante districts ayant chacun à leur tête d'honorables citoyens.

Le 27 juin 1790, quarante-huit sections remplacèrent les districts, et les mêmes pouvoirs leur furent conférés. « Le Conseil général de la Commune » centralisait sous son autorité toute la police de la ville.

Après les événements de 1792 et 1793, le Conseil de la Commune fut renversé et le 24 août 1794, une loi concernant « la Police générale de la République et l'organisation de Tribunaux révolutionnaires » confia la police à douze comités qui devaient se mettre en relation avec les représentants des quarante-huit sections parisiennes.

Le 31 août de la même année, une nouvelle loi établit la « Commission spéciale de la Police composée de vingt membres proposés par les comités de Salut public, de Sûreté générale et de législation. Ces vingt membres furent réduits à trois le 15 août 1795 et formèrent ce qu'on appelait alors le « Bureau central ».

Les citoyens Cousin, Limodin, Bréon occupèrent d'abord ce bureau où vinrent s'installer ensuite Dubois, de Piis et Dubos.

Sans direction, au milieu de la confusion d'idées, de réformes d'abus, ces administrateurs, remplis de bonne volonté, déployèrent beaucoup de zèle sans pouvoir obtenir de sérieux résultats. C'est alors qu'apparurent les Ministres de la Police générale de la République, qui remplacèrent les anciens Lieutenants de police.

Je reprends l'ordre chronologique :

17° Merlin, de Douai, né à..... — Du 2 janvier 1796 au 3 avril 1797 ;

18° Cochon, né à..... — Du 3 avril 1797 au 6 juillet de la même année ;

19° Lenoir Laroche, né à..... — Du 6 juillet 1797 au 26 du même mois ;

20° Sotin de la Coindière, né à..... — Du 26 juillet 1797 au 12 février 1798 ;

21° Dondeau, né à..... — Du 12 février 1798 au 15 mai de la même année.

22° Lecarlier, né à..... — Du 15 mai 1798 au 28 octobre 1798 ;

23° Duval, né à..... — Du 28 octobre 1798 au 22 juin 1799 ;

Période du Consulat et de l'Empire.

24° Fouché, né à..... — Ministre de la police du 22 juin 1799 au 15 septembre 1802 et du 10 juillet 1804 au 3 juin 1810 ;

25° Dubois, né à..... — Préfet de police

du 17 ventôse an VIII (1800) au 14 octobre 1810 ;

26° Savary, né à..... — Ministre de la police générale, du 3 juin 1810 au 3 avril 1814 ;

27° Pasquin, né à..... — Préfet de police du 14 octobre 1810 au 31 mars 1814.

Du 31 mars 1814 au 14 mai 1814 :

Occupation de Paris par les Alliés, il n'y a pas eu de Préfet de police.

Première Restauration.

Du 14 mai 1814 au 20 mars 1815 :

28° Beugnot, né à Bar-sur-Aube. — Directeur général de la police du 14 mai 1814 au 3 décembre de la même année ;

29° Sandré, né à Aix. — Préfet directeur de la police générale du 3 décembre 1814 au 14 mars 1815 ;

30° Bourrienne, né à..... — Préfet de police du 14 au 20 mars 1815 ;

Période des Cent Jours

31° Réal, né à Chatou. — Préfet de police du 20 mars 1815 au 3 juillet de la même année ;

32° Pelet, né à..... — Ministre de la police du 3 juin 1815 au 8 juillet 1815 ;

33° Courtin, né à Lisieux. — Préfet de police du 3 au 8 juillet 1815 ;

Deuxième Restauration.

34° Fouché, né à..... — Ministre de la police du 8 juillet 1815 au 25 septembre 1815 ;

35° Decazes, né à Saint-Martin-en-Laye (Gironde). — Préfet de police du 9 juillet 1815 au 29 septembre de la même année, puis Ministre de la police jusqu'au 18 décembre 1818 ;

36° Anglès, né à Grenoble. — Préfet de police du 29 septembre 1815 au 20 décembre 1821 ;

37° Delaveau-Guy, né à..... — Préfet de police du 20 décembre 1821 au 6 janvier 1828 ;

38° De Belleyme, né à Paris. — Préfet de police du 6 janvier 1828 au 13 août 1829 ;

39° Mangin, né à Metz. — Préfet de police du 13 août 1829 au 30 juillet 1830.

Monarchie de Juillet

De 1830 à 1848. — Huit Préfets de police se sont succédé :

40° Bavoux, né à Saint-Claude (Jura). — Du 30 au 31 juillet 1830 ;

41° Girod-de-l'Ain, né à Gex. — Du 1er août 1830 au 7 novembre de la même année ;

42° Treilhard, né à..... — Du 7 novembre au 26 décembre 1830 ;

43' Baude, né à Valence. — Du 26 décembre 1830 au 21 février 1831 ;

44° Vivien, né à Paris. — Du 21 février au 17 septemre 1831 ;

45° Saulnier, né à..... — Du 17 septembre au 15 octobre 1831 ;

46° Gisquet, né à Vezin (Moselle). — Du 15 octobre 1831 au 10 septembre 1836 ;

47° Delessert, né à Paris. — Du 10 septembre 1836 au 24 février 1848 ;

Période de 1848 à 1852. — Deuxième République.

48° Caussidière, né à Genève. — Délégué au Département de la police, conjointement avec Sobrier, seul Préfet de police. — Du 24 mars au 18 mai 1848 ;

49° Trouvé-Chauvel, né à la Suze (Sarthe). — Préfet de police du 18 mai au 19 juillet 1848 ;

50° Ducoux, né à Château-Ponsac (Haute-Vienne). — Préfet de police du 19 juillet au 14 octobre 1848 ;

51° Gervais-de-Caen, né à Caen. — Préfet de police du 14 octobre au 20 décembre 1848 ;

52° Rebillot, né à Vitry-le-Français. — Préfet de police du 20 décembre 1848 au 8 novembre 1849 ;

53° Carlier, né à Sens. — Préfet de police du 8 novembre 1849 au 26 octobre 1851 ;

Second Empire.

54° De Maupas, né à Bar-sur-Aube. — Préfet de police du 26 octobre 1851 au 23 janvier 1852 et Ministre de la police du 22 janvier 1852 au 10 juin 1853 ;

55° Blot (Sylvain), chargé de l'intérim de la Préfecture de police du 23 au 27 janvier 1852 ;

56° Piétri (Pierre-Marie), né à Sartène (Corse). — Préfet de police du 27 janvier 1852 au 16 mars 1858 ;

57° Boittelle, né à..... — Préfet de police du 16 mars 1858 au 21 février 1866 ;

58° Piétri (Joachim), né à Sartène. — Préfet de police du 21 février 1866 au 4 septembre 1870 ;

Troisième République. — Siège.

59° De Kératry, né à Paris. — Préfet de police du 4 au 11 septembre 1870 ;

60° Adam (Edmond), né au Bec-Hellouin (Eure). — Préfet de police du 12 septembre au 2 novembre 1870 ;

61° Cresson, né à..... — Préfet de police du 3 novembre 1870 au 10 février 1871 ;

62° Choppin, né à..... — Délégué aux

fonctions de Préfet de police du 11 février au 15 mars 1871 ;

63° Valentin, né à..... — Préfet de police du 15 mars au 18 novembre 1871, se divisant en trois périodes : du 15 au 18 mars, à Paris ; du 18 mars au 30 mai, à Versailles, et du 31 mai au 18 novembre à Paris.

Pendant l'insurrection du 18 mars, trois Membres de la Commune ont occupé les bâtiments abandonnés de l'ex-Préfecture de police :

Duval, du 19 au 27 mars :

Rigault (Raoul), du 28 mars au 27 avril :

Cournet, du 27 avril au 24 mai 1871.

64° Renault (Léon), né à Maisons-Alfort, Préfet de police. — Du 18 novembre 1871 au 10 février 1876 ;

65° Voisin (Félix), né à Paris, Préfet de police. — Du 10 février 1876 au 16 décembre 1878 ;

66° Gigot (Albert), né à Orléans, Préfet de police. — Du 16 décembre 1878 au 3 mars 1879 ;

67° Andrieux)Louis), né à Trévoux (Ain), Préfet de police. — Du 3 mars 1879 au 16 juillet 1881 ;

68° Camescasse, né à..., Préfet de police. — Du 16 juillet 1881 au 23 avril 1885 ;

69° Gragnon, né à..., Préfet de police. — Du 23 avril 1885 au 15 novembre 1887 ;

70° Bourgeois (Léon), né à Paris, Préfet de police. — Du 15 novembre 1887 au .. mars 1888 ;

71° Lozé, né à..., Préfet de police en activité au 31 décembre 1889.

La troisième République absorbe en ce moment, son treizième Préfet de police, et ce poste important, difficile, est constamment recherché.

Les hauts fonctionnaires s'usent et passent vite, ce qui explique pourquoi à la Préfecture de police, les améliorations réclamées, attendues, devenaient lentes à se réaliser ; les changements successifs permettaient au Chef de la Police municipale de rester immuable, éternel, et d'être plus Préfet que le Préfet lui-même.

Depuis le 4 septembre 1870, il n'y a eu que deux Chefs de la Police municipale : MM. Ansart et Caubet. Leurs prédécesseurs, sous l'Empire, ont été MM. Nusse et Balestrino, et pendant le règne du roi Louis-Philippe, MM. Elouin et Joly. Comme ce service cherchait toujours à s'agrandir, un commissaire de police malin fit créer le contrôle général, il en devint le Chef, et à son tour contrôla les attributions et le personnel de celui qui s'était organisé de manière à ne subir aucun examen.

L'emploi délicat de contrôleur général fut confié à des hommes choisis, expérimentés : De 1854 à 1859, le créateur de ce service, M. Charles Nusse, en prit possession. M. Marseilles lui succéda jusqu'en 1880, puis vinrent successivement MM. Leroux, Gauthier de Noyelles et Boissenot.

J'arrive aux auxiliaires indispensables de la Justice : les Chefs de la Sûreté dont M. Allard occupa le premier les fonctions. — Du 15 novembre 1832 au 15 décembre 1848; après lui ce furent :

2° Perrot. — Du 15 décembre 1848 au 3 mars 1849;

3° Canler. — Du 3 mars 1848 au 14 novembre 1851 :

4° Balestrino. — Du 14 novembre 1851 au 9 janvier 1853 ;

5° Collet. — Du 9 janvier 1853 au 7 octobre 1858 ;

6° Tenaille. — Du 7 octobre 1858 au 1er juin 1859 ;

7° Claude. — Du 1er juin 1859 au 10 juillet 1875 ;

CLAUDE

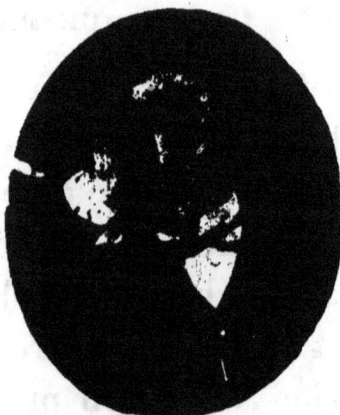

JACOB

G. MACÉ

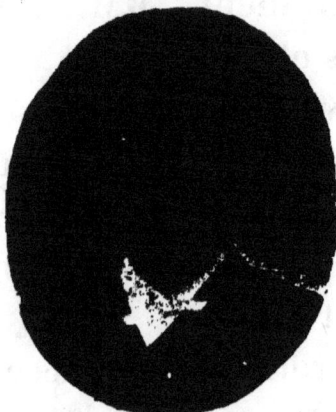

KUEHN

TAYLOR

CORON

8° Jacob. — Du 10 juillet 1875 au 17 février 1879 ;

9° Macé. — Du 17 février 1879 au 1er avril 1884 ;

10° Kuehn. — Du 2 avril 1884 au 28 novembre 1885 ;

11° Taylor. — Du 1er décembre 1885 au 1er novembre 1887 ;

12° Goron, chef actuel (31 décembre 1889).

La planche 5, représente les six derniers Chefs de la Sûreté (1), décorés pour des actes de courage civil et militaire.

Si le Chef de la Sûreté est un homme d'initiative réunissant la finesse à l'esprit de décision, il lui faut pour mener à bonne fin sa mission protectrice, des collaborateurs prodigieusement doués, et de pareils sujets sont rares à trouver. Le traitement dérisoire alloué, en général, au personnel des services actifs ne permet guère de recruter que d'honnêtes serviteurs ayant de bons yeux et prêts à remplir leurs devoirs sans hésitation ni paresse. Ils doivent, surtout et avant tout, posséder ce qu'on appelle en police « le courage de la nuit », car la frayeur ne raisonne pas. On se

---

(1) D'après les photographies de MM. Liebert, Pirou, Touranchet et Neubauer.

contente actuellement d'utiliser leurs qualités et leurs défauts, en attendant qu'ils soient moins nombreux, mieux rétribués, de façon à obtenir des candidats de choix.

En 1879, j'avais organisé une « brigade-école », sorte de compagnie d'élite fondée dans le but d'instruire les recrues et de grouper les meilleurs agents dont l'exemple et l'expérience pouvaient devenir salutaires à leurs jeunes collègues. Parmi les hommes composant cette brigade se trouvaient Barthélemy, Bleuze, Bourlet, David, Demougeot, Guy, Joly, Lemaigre, Lindas, Montignac, Moser, Mouquin, Prince, Pruvot, Sage. Ils se tenaient dans des pièces contiguës à mon cabinet et le jour comme la nuit j'étais sûr d'avoir sous la main d'excellents policiers. Cette quinzaine d'agents étaient dirigés par les Inspecteurs principaux Alizan et Colliaux, les brigadiers Brenez et Gaillarde, les sous-brigadiers Gavelle, Jaume, et Rossignol. Elle avait pour secrétaire M. Martini, employé discret, dévoué, et qui par la rectitude de sa conduite a su acquérir l'estime et la sympathie de ses chefs.

Aujourd'hui beaucoup de ces hommes sont retraités, d'autres moins heureux comme Joly, Mouquin, Sage, sont morts sans bruit, à la suite de maladies contractées au service, maladies souvent plus dangereuses que les coups de poignard des assassins. Quelques-uns, grisés par le succès se jalousent et recherchent une notoriété qui ne tardera pas à devenir nuisible au bon fonctionnement du service. Avant eux et derrière eux quantité de leurs collègues et subordonnés, aussi braves, aussi intelligents et pourvus d'une mémoire souvent supérieure à la leur surveillent, préparent, facilitent, la capture des grands criminels et ces modestes, ces silencieux travailleurs remplis de patience, de volonté, sont inconnus des reporters ; ils ne fournissent à la Presse aucun avis pouvant les mettre en évidence parce qu'ils se considèrent comme faisant partie d'une même famille dont les membres se comprennent, s'aident mutuellement et lorsque la Police de sûreté traverse des séries heureuses on le doit, disent-ils, avec raison, à l'ensemble du personnel et non à des individualités ne voyant dans la réussite des grosses affaires qu'une occasion de réclame personnelle.

Les dix inspecteurs de police groupés sur la première partie de la planche 6, ont été envoyés en 1876 à l'Exposition de Philadelphie. Ces physionomies d'anciens militaires respirent la franchise, l'honnêteté, et j'ai pu, soit aux Délégations judiciaires, soit à la Sûreté, apprécier en maintes circonstances leur courage, leur adresse et leur sagacité.

De chaque côté du guéridon se trouvent assis, sur la gauche, l'Inspecteur principal Mélin; sur la droite, le brigadier Tructin. Tous les deux jouissent de leur retraite. M. Mélin est chevalier de la Légion d'Honneur et pour le récompenser des nombreux services qu'il a rendus à la Banque de France, le Gouverneur s'est empressé de l'attacher à son administration. M. Tructin a longtemps fait avec succès la chasse aux pickpockets. Près de lui est assis un second légionnaire, l'Alsacien Zimmermann engagé volontaire qui, au 2 décembre 1870, à Petit-Bry, étant sergent fourrier, s'empara d'un poste avancé de Prussiens. Avec quelques hommes il conduisit les prisonniers au fort de Vincennes où le général-commandant le décora.

Nous sommes loin, comme on le voit, de l'époque où M. de Sartines, ce onzième Lieutenant de police, répondait à un personnage influent de la cour du roi Louis XV qui lui reprochait de se servir de gens pris au dernier degré de la corruption : « Indiquez-moi les honnêtes gens qui voudraient faire un semblable métier ? Et sa question, affirme M. Horace Raisson dans son « Histoire de la Police de Paris », resta sans réplique.

M. de Sartines aimait à se montrer entouré de filous, qu'il appelait volontiers ses aides de camp. Il était convaincu, comme l'ont été par la suite plusieurs Préfets, que la Police pratiquée par les voleurs ne pouvait produire que d'heureux résultats. Cette manière de moraliser une institution appelée à redresser les torts et les actions des hommes ne fut pas du goût de M. Gisquet ni de son successeur, M. Gabriel Delessert, qui exclurent des fonctions les plus infimes de la Préfecture de police, les employés dont les antécédents n'étaient pas irréprochables. Ces deux magistrats, et plus particulièrement M. Delessert, le modèle des Préfets de police, organisèrent le véritable Service de Sûreté, et par l'arrêté du 15 novembre 1832 (1)

---

(1) Nous, Conseiller d'État, Préfet de police, arrêtons ce qui suit :

Art. I. — La brigade de sûreté est dissoute. Le service dont elle était chargée sera immédiatement réorganisé d'après de nouvelles bases et sous la dénomination de *Service de Sûreté.*

Art. II. — Aucun repris de justice ou libéré de condamnation quelconque ne pourra y être admis.

Art. III. — Le Chef de la deuxième division soumettra à notre approbation l'état nominatif des agents et employés qui devront faire partie du nouveau Service de Sûreté.

le commandement en fut confié à M. Allard, ancien Commissaire de police de la Ville de Paris.

Les Vidocq, les Coco-Lacour et autres malfaiteurs, avaient vécu. Leurs mémoires écrits par des romanciers... indulgents sont aussi apocryphes que ceux portant le nom de M. Claude, et les notes laissées par mon honorable collègue sont celles que je possède.

M. de Sartines et Vidocq soutenaient que « pour découvrir les voleurs il fallait l'avoir été », et cette maxime répandue dans le peuple a jeté un discrédit légendaire sur la police. C'est le rôle de la canaille de haïr, de craindre, de mépriser l'institution ; mais combien avons-nous d'imbéciles qui font chorus avec elle, et ce sont précisément ceux qui ont le plus besoin d'être préservés du contact des malhonnêtes gens.

« Dieu et la bêtise humaine, disait Noriac, resteront éternels. » Il a oublié d'ajouter les préjugés surtout venant d'en bas, les pires, qui passent à l'état de dogmes.

Le public confond trop l'agent en bourgeois, commissionné, retraité, avec les indicateurs surnommés *Mouchards, Coqueurs* et *Casseroles*, par les voleurs de profession. Seuls les Inspecteurs de police peuvent, à l'occasion, requérir l'assistance de la force armée, au moyen de l'exhibition d'une carte ovale portant au verso les nom, prénoms, âge, qualité, signalement et la signature du titulaire placée auprès de celle du secrétaire général. Sur le recto de cette carte officielle, bleue d'un côté, rouge de l'autre, se trouve ceci :

Préfecture de police. — République Française. — Garde de la paix publique.

Pour ceux qui méprisent les policiers, voici ce qu'en pense M. le Juge d'Instruction A. Guillot :

« Si l'on pouvait voir à l'œuvre tous les agents de cette police, depuis le Chef de la Sûreté, les commissaires de police, parmi lesquels se rencontrent souvent des hommes d'une véritable valeur, jusqu'au plus obscur des inspecteurs de sûreté, si on pouvait les suivre dans leur lutte courageuse et persévérante contre les innombrables ennemis de nos personnes et de nos biens, on ne saurait leur témoigner assez de reconnaissance, ni les tenir en trop grande estime » (1).

A son tour la Presse reconnaissant l'utilité

---

(1) Etude sur la réforme du Code d'Instruction Criminelle. *Gazette des Tribunaux* du 13 février 1884.

de ces soldats civils, proclame leurs actes de bravoure, sollicite même pour eux des récompenses honorifiques.

Quant aux rongeurs de fonds secrets on a vu, chose incroyable, l'année du centenaire de la Révolution Française, des Sénateurs, des Députés républicains, voter les 14 et 16 décembre 1889, un million six cent mille francs pour encourager le travail occulte d'êtres infects recrutés dans toutes les classes de la société, et cette somme considérable est soi-disant consacrée aux nécessités gouvernementales.

Depuis 1832 l'argent remis aux indicateurs de la sûreté par mes prédécesseurs et par moimême, n'a jamais dépassé un total de huit mille francs par année et cette somme minime a été prise jusqu'ici sur celle de cinquante mille francs accordée à cet usage, au Préfet de police, par le Conseil municipal. Ce n'est donc pas la police judiciaire qui patauge avec les fonds secrets ; elle sait par expérience que la meilleure partie des indications fournies par des personnes intéressées sont suspectes ; aussi, loin de les encourager, elle avise au moyen de les supprimer. Il y aura toujours un peu moins d'honnêtes gens de salis.

Pour compléter la planche 6, j'ai placé au-

Agents du Service de la Sûreté.

Gardien de la Paix,
Tenue d'Été.

Officier de Paix,
Petite Tenue.

Gardien de la Paix,
Tenue d'Hiver.

PARIS. — Phototypie SILVESTRE & Cᵉ, 52, rue Oberkampf.

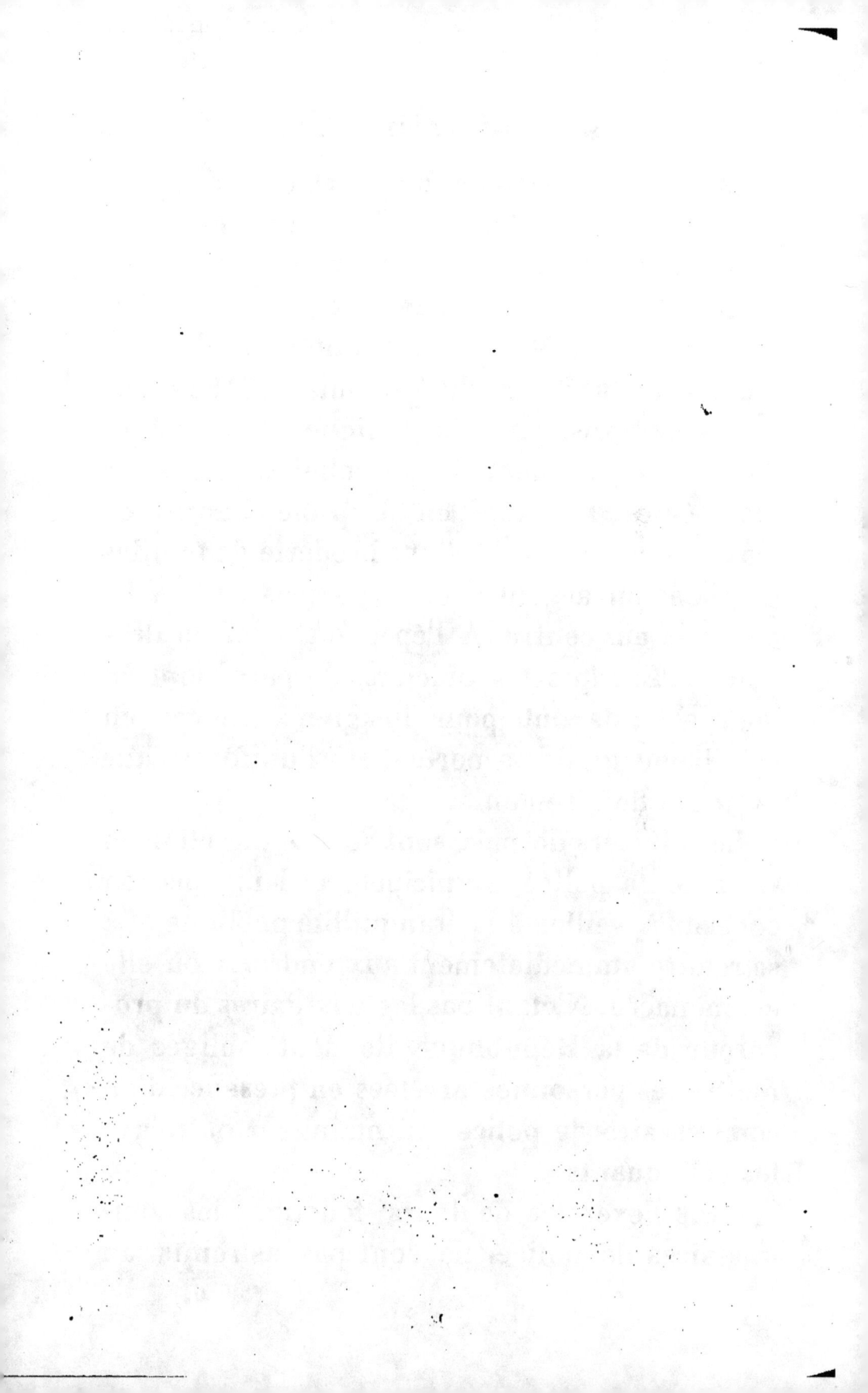

dessous des Inspecteurs de police deux gardiens de la paix l'un en tenue d'été, l'autre en tenue d'hiver. Au milieu se trouve un de leurs chefs directs, l'ancien Officier de paix du Xᵉ arrondissement, M. G. Macé. Le costume qu'il porte (1860-1868) a été modifié depuis 1871. La capote s'est transformée en tunique, mais les broderies aux parements et au collet sont restées les mêmes. Le képi en drap bleu, garni de trois galons, est orné d'une broderie de feuilles de chêne en argent avec les armes de la Ville de Paris au centre. A l'épée on a mis la dragonne. Lorsque les officiers de paix sont en bourgeois, ils ont pour insigne l'écharpe en soie bleue qu'ils ne portent sur l'uniforme que les jours de cérémonie.

Les officiers de paix sont sous la direction du Chef de la police municipale et leur mission consiste à veiller à la tranquillité publique et à se rendre immédiatement aux endroits où elle est menacée. N'étant pas les auxiliaires du procureur de la République ils sont obligés de mettre les personnes arrêtées en présence d'un commissaire de police qui maintient ou relaxe les délinquants.

Dans l'exercice de leurs fonctions les commissaires de police ne sont pas astreints au port du costume officiel, mais ils doivent toujours être ceints de l'écharpe tricolore lorsqu'ils procèdent publiquement à un acte de leur ministère.

Le sergent de ville créé en 1828, par M. DeBelleyme, ancien juge d'instruction, à Paris, et sixième préfet de police, est devenu soldat au lendemain du 4 septembre 1870. L'épée a fait place au sabre-baïonnette et son fusil repose à l'arsenal de la Préfecture de Police. Le gardien de la paix, en service, marche d'un pas lourd, cadencé, sans plier le genou, on croit voir passer un automate perfectionné à l'air mélancolique et rêveur. On a tant recommandé à ce représentant du repos public, à ce protecteur du passant, à ce défenseur de la société, de ne pas agir qu'il finit par ne plus bouger, attendant avec placidité l'apparition d'un danger pour se transformer : alors, bravant les difficultés, il arrête au péril de sa vie un cheval emporté, il marche à la rencontre d'un chien enragé, il sauve au milieu des flammes de malheureux incendiés, et il se jette à l'eau tout habillé pour sauver son semblable (1).

(1 Janvier 1890. — Relevé sur la liste des nouveaux chevaliers de la Légion d'honneur parue à *l'Officiel* :

Gérard Charles, gardien de la paix du 15° arrondissement

Pl. 7.

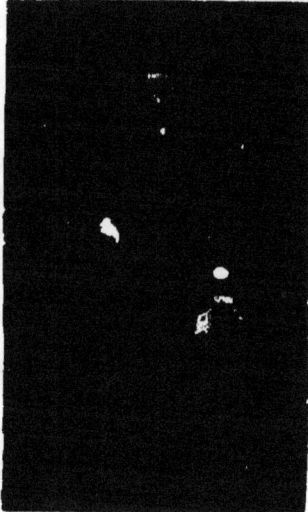

Bâton et Crecelle
à l'usage
du Policeman.

PARIS — Typographie LAPORTE & C., R. rue Bonaparte

Sur la planche 7, figurent en costumes les agents de police russes, anglais, allemands. autrichiens, belges, espagnols.

A Londres le policeman au lieu de sabre ou d'épée porte le bâton sur lequel est peint en lettres d'or sur fond rouge le mot : *Police*.

La reproduction de ce bâton est placée, au bas de la planche 7, au-dessus de deux crécelles l'une fermée, l'autre ouverte, et qui servent la nuit de signal d'appel. En expédition les policemen passent à leur ceinturon les poignées d'une lanterne sourde semblable à celle placée auprès des crécelles. La lanterne pourvue d'une lentille très épaisse projette la lumière à une assez grande distance sur ce qu'on veut voir sans être vu.

A la suite de cette nomenclature de magistrats et d'agents investis des pouvoirs nécessaires pour mener à bonne fin l'échenillage de la société viendront les types appartenant à la

de Paris, ancien brigadier d'artillerie, entré dans le corps des gardiens de la paix en 1873 ; plus de vingt-cinq ans de services. S'est signalé maintes fois et a été blessé en accomplissant des actes de courage et de dévouement qui lui ont mérité trois médailles d'honneur, dont une en or ; a notamment exposé sa vie en se rendant maître d'un fou furieux et armé qui venait de blesser grièvement un autre gardien de la paix ; s'est également distingué par sa belle conduite lors de l'épidémie cholérique de 1884. »

nombreuse famille des malfaiteurs formant ce qu'on appelle : *l'armée du mal*. Avant de passer en revue l'enfant, l'adolescent, l'homme, le vieillard, criminel, il serait bon, je crois, de jeter un coup d'œil sur leurs instruments de travail dont les principaux font l'objet de la planche 8. Là figurent deux pinces dites : *monseigneur*, *rigolos*, *dombeurs jacobins* et *charlottes*. Les camionneurs s'en servent comme levier indispensable à leur profession et les malfaiteurs l'emploient à fracturer les fermetures récalcitrantes aux *fausses-clés*, *rossignols*, *pieds de biche*, *burins* et *ciseaux à froid*. Sous ces pinces se trouvent le ciseau fabriqué le plus souvent avec de vieilles limes bien trempées, puis le *pied de biche*, qui sert à déclouer les caisses légèrement fermées. Le *pégriot*, ou apprenti voleur, l'utilise pour forcer les tiroirs-caisses des commerçants de menu détail.

La pince-monseigneur est l'arme favorite des *cambrioleurs* ou dévaliseurs de chambres, gens déterminés qui ne reculent pas de commettre un crime si ce crime peut leur assurer la fuite. Lorsqu'ils sont surpris pratiquant le *coup du fric-frac* (cassement de porte), la personne indiscrète qui les dérange est frappée avec ce formidable outil.

Le 3 mars 1884, rue Brongniart, n° 2,
Schwartz et Norvaux, cambrioleurs connus,
assommèrent une femme avec leur pince-monseigneur ; aux cris poussés par elle plusieurs
locataires accoururent et l'on put arrêter les
criminels. Schwartz et son complice dix fois
récidivistes furent condamnés à quinze ans de
travaux forcés. A l'audience ils ont cynique-
ment déclaré qu'ils étaient les auteurs d'une
vingtaine de vols commis à l'aide d'effraction.

Sous le ciseau dit pied de biche figure la
scie à voleur ou passe-partout ; selon la disposition des dents elle sert à scier le bois ou les
métaux, mais sa lame toujours longue, fine,
mince, pointue, est flexible et résistante. Les
malfaiteurs de profession la graissent fortement
pour atténuer le son criard qu'elle rend et l'introduisent dans des trous percés par des mèches
ou des vrilles afin d'enlever les panneaux des
portes, des meubles ou des coffres-forts. Autour de la petite scie à métaux figurent sur
trois côtés des crochets facilitant le travail des
fausses clés à pannetons évidés servant à connaître la garniture des serrures et pareilles à
celles représentées au bas de la planche. Crochets et fausses clés de toutes les formes et de
toutes les dimensions s'appellent parmi les

âlous : *Tâteuses tournantes, débridoirs, carroubles, crochettes, rossignols.* A droite et à gauche des crochets, sont placés les outils à briser les vitres. La cire molle facilite l'enlèvement du verre coupé par le diamant ; l'opération a lieu sans bruit, et, par le trou préparé, la main pénètre et fait jouer les boutons des fermetures.

La planche 8 est traversée dans son milieu par un objet réunissant à la fois la fausse clé, le crochet et le tourne-vis. Il fonctionne comme une vrille et une fois replié, son peu de volume permet de le dissimuler. Cet instrument à triple fonctions, facilite les évasions, soit en forçant les serrures, soit en les dévissant. On le trouve aussi en possession des voleurs étrangers qui doivent l'utiliser pour l'ouverture des serrures fixées aux grilles des jardins en bordure de beaucoup de maisons anglaises.

La planche 9, présente l'ingénieux petit appareil connu par les prisonniers sous le nom de *bastringue, manicle, nécessaire de veuve.* J'en possède deux qui ont contenu des billets de banque, des pièces d'or, et l'attirail d'un serrurier. Voici dans sa grandeur et dans sa forme la reproduction exacte de celui renfermant encore ses outils. L'étui en os est le plus vulgaire,

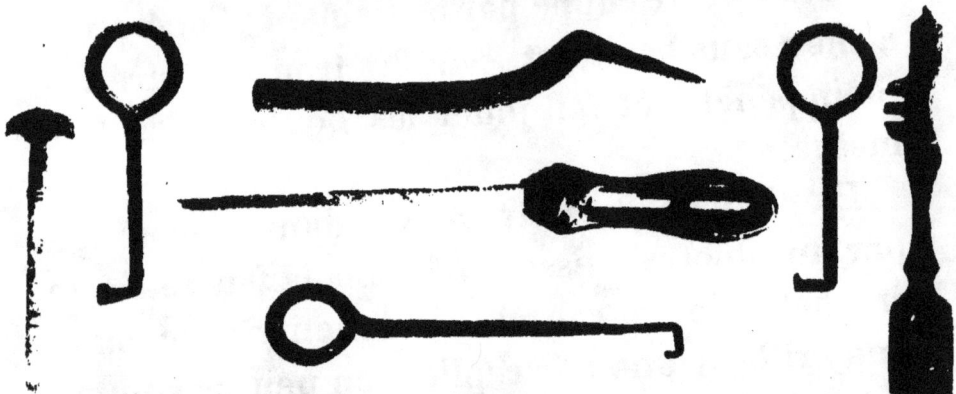

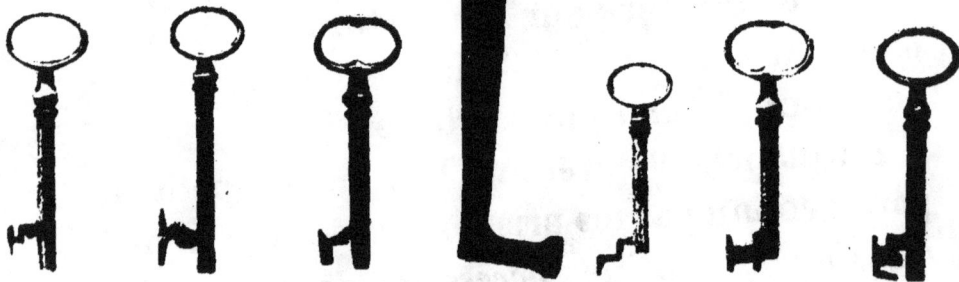

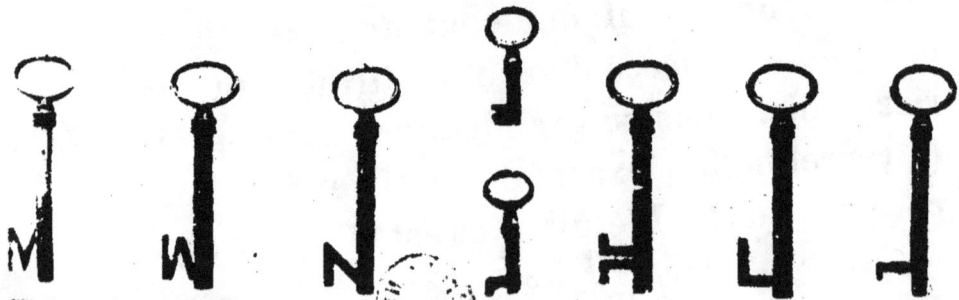

les autres sont en ivoire, en argent et en or ; leur grosseur est variable, mais les instruments qu'ils contiennent sont à peu près les mêmes. Au-dessous de l'étui fermé et en os se trouvent les montants de la scie, le tourne-vis, la lime tiers-point propre à affûter les dents de la scie que l'on voit au bas de la planche, montée et prête à fonctionner. Le montant principal est percé dans son milieu et ce montant, une fois la scie démontée, sert de manche au tourne-vis et à la lime triangulaire.

Un bastringue complet doit contenir plusieurs lames de scies ; ni chaîne, ni barreau, ni verrou, ne résistent à ce *minuscule* outillage. J'ai sous les yeux un carré de fer de 27 millimètres, scié, en trente-six heures, avec les lames reproduites sur la planche 9.

Les malfaiteurs arrêtés cachent le bastringue, dans une partie secrète de leurs corps ; ils l'introduisent par le gros bout, sans cela il pourrait gagner les intestins et causer la mort. Le cas s'est déjà produit.

La visite intime d'un détenu n'a lieu qu'au moment de son départ en maison centrale ou à la Nouvelle-Calédonie et cette visite dans la bouche, sous les aisselles, entre les doigts des mains et des pieds, n'est point douloureuse.

Un surveillant invite le détenu à se pencher en avant et à tousser ; au même instant il reçoit une claque sur le ventre et l'objet caché tombe sur le sol. Malgré ces mesures, des évasions se produisent ; la plus récente remonte au 3 novembre 1889. Un individu condamné à la relégation *s'est évadé* du wagon pénitencier en pratiquant l'ouverture du plancher à l'aide d'une scie. Il s'est ensuite, aux environs d'Angoulême, laissé glisser sur la voie ferrée.

L'histoire curieuse d'une montre habilement dissimulée pendant près de deux ans montrera la ruse d'un voleur âgé de dix-sept ans. Vers minuit, le 20 février 1882, S... s'introduisait chez M. Brumon, rue Péclet, n° 3, et lui enlevait sa montre et sa chaîne, le tout en or. Poursuivi, arrêté, il fut condamné à treize mois de prison. Le Service de Sûreté ne put retrouver les bijoux et leur propriétaire pensait ne jamais les revoir. J'appris par un indicateur que S..., qui purgeait sa condamnation à la Maison Centrale de Gaillon, possédait la chaîne et la montre de M. Brumon qu'il avait réussi à soustraire aux nombreuses fouilles subies depuis sa capture. J'écrivis au Directeur en le priant de saisir ces objets et de me les envoyer pour les représenter au plaignant, ce qui fut fait. M. Brumon recon-

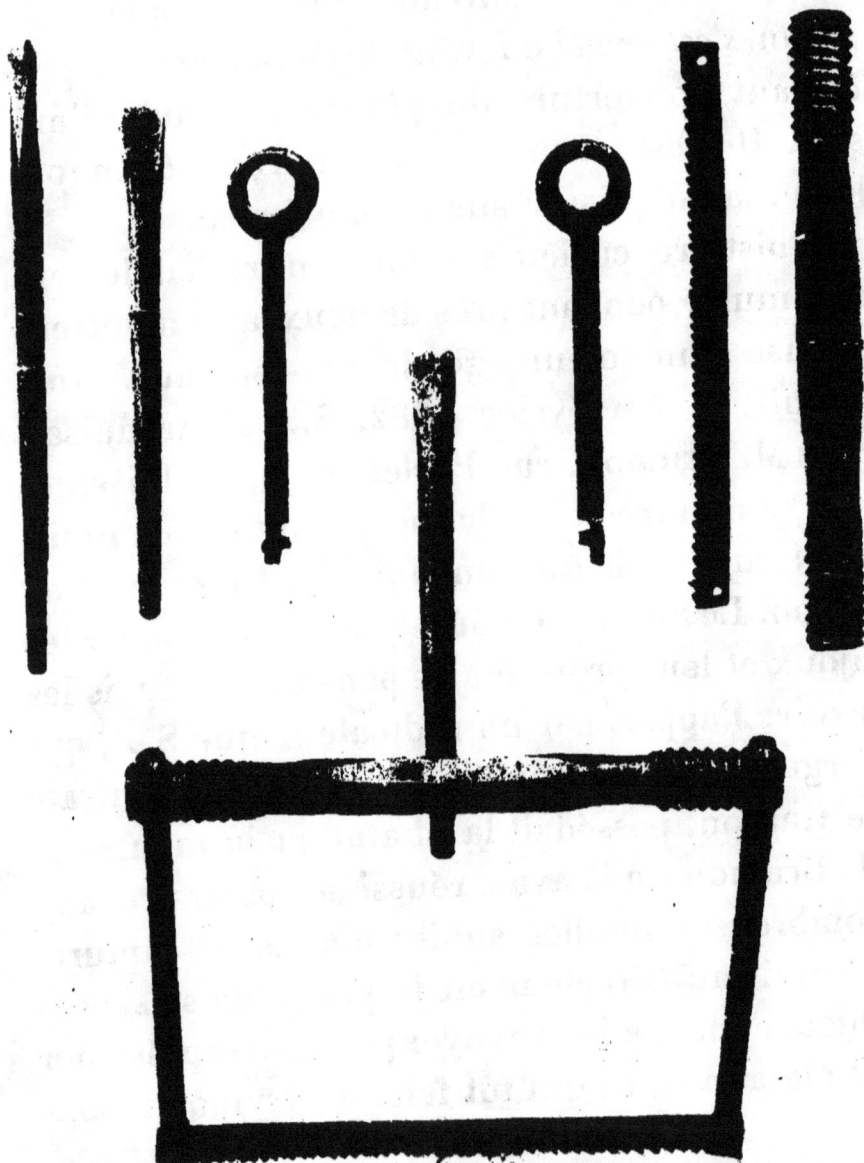

BASTRINGUE

nut sa montre et sa chaîne, et suivant la voie
régulière, je retournai au Directeur les bijoux
en l'invitant à les tenir en réserve. M. Brumon,
voulant rentrer en possession de son bien,
croyait à une restitution immédiate, d'autant
plus qu'il en justifiait la légitimité par une fac-
ture d'achat.

Plusieurs années s'écoulèrent, et pour obtenir satisfaction, le Parquet lui fit savoir qu'il
fallait intenter à son voleur une action judiciaire civile, attendu que S... prétendait être le
véritable propriétaire des bijoux, et comme la
question concernait un fait de propriété, les tribunaux compétents pouvaient seuls juger à qui
ils appartenaient réellement. Pourtant S... était
condamné pour le vol de la montre et de la
chaîne qu'il avait su adroitement cacher sous
ses... aisselles.

Pendant la nuit du 31 décembre 1882 au
1er janvier 1883, des malfaiteurs parvinrent à
s'introduire, gare Saint-Lazare, à l'endroit où
se trouvait la caisse principale des chemins de
fer de l'Ouest ; cette caisse renfermait dix millions. Ils avaient pu, entre minuit et quatre
heures du matin, fracturer deux portes, trouer
un mur, perforer un plafond, attaquer plusieurs coffres-forts. A la suite de formidables

pesées et d'enfonçage de coins en acier dans
les rainures de l'immense armoire métal-
lique recélant les millions, celle-ci craqua : les
voleurs se croyaient déjà maîtres du trésor
lorsqu'une sonnerie électrique, placée à l'intérieur de ladite armoire, retentit et amena le
veilleur de nuit. Les auteurs de ce coup audacieux s'enfuirent laissant sur le parquet leurs
outils dont la majeure partie forme la planche
10. Sans ce fil avertisseur et l'arrivée du gardien Lefèvre, il est positif qu'en raison de la
puissance et de la perfection des outils l'ouverture de cet imposant coffre-fort se serait pro-
duite.

L'examen approfondi des instruments abandonnés n'a laissé aucun doute dans l'esprit des
magistrats instructeurs. Il s'agissait de cette
bande organisée pour commettre les vols impor-
tants, étudiés, suivis, préparés, par des indicateurs à la solde d'agences internationales dont
le but tendait à dévaliser les caisses publiques
et privées de tous les pays.

Les outils spéciaux, utilisés par eux, bien re-
connaissables par leur fabrication étrangère,
leur manque absolu de marque, et leur absence
dans le commerce ; solides, de formes variées,
d'une trempe particulière, sont confectionnés

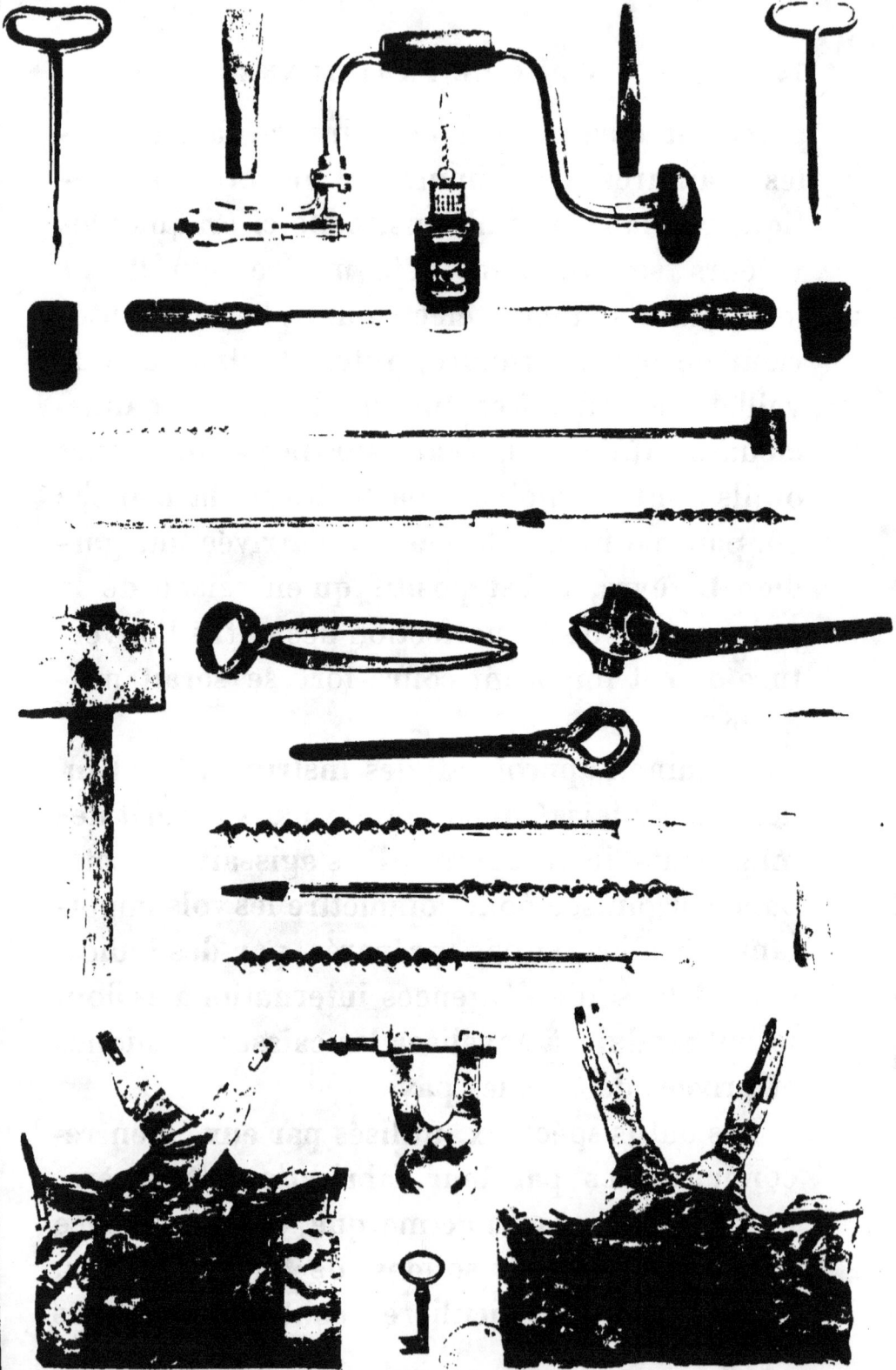

PARIS — Typographie SILVESTRE & Cie, 97, rue Oberkampf.

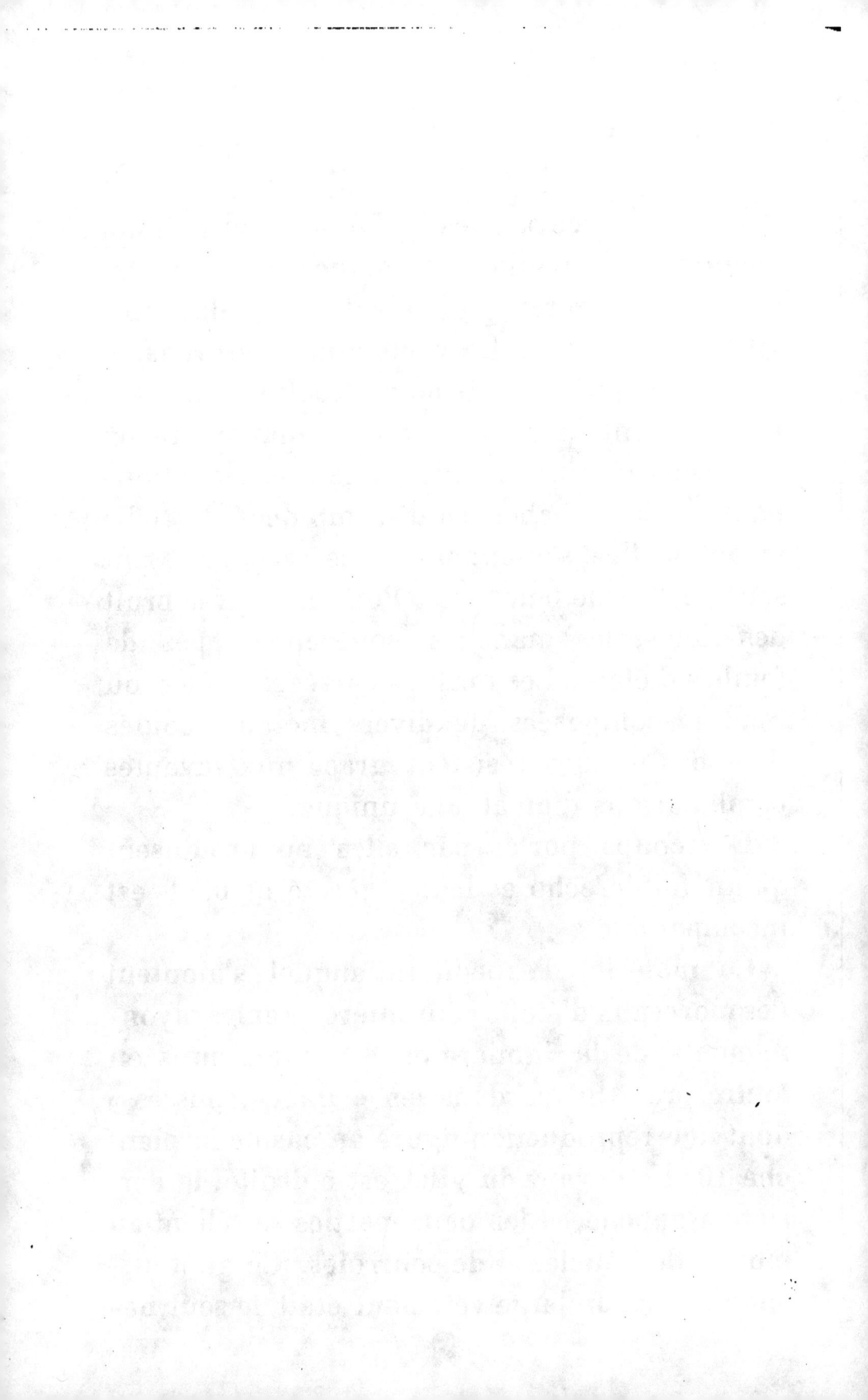

sur commandes par des taillandiers connus des voleurs cosmopolites. Quelques-uns, neufs, nickelés et propres, pourraient figurer dans une vitrine d'exposant. Le vilebrequin à engrenage, ramassé auprès de l'armoire fracturée, est admirablement perfectionné; il manœuvre en tous sens avec une facilité, une précision étonnantes. Ses mèches sont combinées de telle façon qu'elles s'allongent et se raccourcissent sans perdre de leur force. Pour amortir le bruit des limes, les manches sont enveloppés de feuilles d'étain. Les masses carrées, ovales ou rondes, composées de divers métaux coulés dans des moules résistent grâce aux savantes combinaisons d'un alliage unique.

Les coups portés par elles ne produisent qu'un faible écho et leur légèreté de poids est incomparable.

Ce matériel d'expédition, auquel s'ajoutent des morceaux d'étoffe pour intercepter les rayonnements de la lumière et des chaussures en feutre prend place dans les « gilets-trousses » dont une reproduction figure au bas de la planche 10. Le devant du gilet est à droite, le derrière à gauche, et les deux parties se relient au moyen de boucles et de courroies. Ce gilet dissimulé sous un large vêtement était le seul né-

cessaire de voyage de cette catégorie de malfaiteurs qui, le 2 juin 1877, entre Calais et Boulogne, enlevèrent les valeurs du train express
se dirigeant sur Paris. Ce sont ces mêmes as-
sociés qui, entre Ostende et Verviers, dévalisè-
rent le train-poste contenant plus d'un million
de titres à destination de l'Allemagne, de l'Au-
triche et de la Russie.

Voici l'une de leurs manières de procéder :
les voleurs, au nombre de trois ou de cinq,
commencent par louer un compartiment de
première classe ; le plus fort de la bande, porteur du gilet-trousse, arrive sur le quai de départ marchant avec peine et soutenu par ses
complices. Ses pieds sont enveloppés dans de
la ouate maintenue par de larges chaussures.
Le chef de train est averti que l'on transporte
l'infirme dans une maison de santé et qu'il a
besoin de repos. La plaque louée est maintenue
sur le compartiment, la portière se ferme, les
rideaux se tirent, et pendant que le train roule
à grande vitesse on soulage le faux malade de
son pesant matériel.

A l'heure précise, aux endroits convenus,
les individus quittent le compartiment et se
glissent, de marchepied en marchepied, jusqu'au fourgon contenant les valeurs ; après

l'avoir fracturé ils y pénètrent, brisent les cadenas, les coffres, éventrent les paniers, et une fois en possession des titres ils abandonnent le train qui file toujours.

Au commencement du mois de novembre 1889 les journaux italiens annoncèrent qu'un coup d'une hardiesse extrême avait été tenté, près d'Avigliana, contre le train porteur de la « malle des Indes », renfermant quatorze millions. Depuis dix ans ces hardis malfaiteurs préparaient ce grand vol et j'ai dû, en 1880, informer verbalement les intéressés.

A cette époque, il y avait, comme pensionnaires à Mazas, des faussaires, sujets anglais et américains, notamment Fulton, recéleur d'une bande de filous opérant chez les bijoutiers. Ce Fulton, par *amour de l'art,* m'avertit de la réalisation de plusieurs projets de vols audacieux parmi lesquels figurait celui de la « Malle des Indes. »

En général, les vols de titres, comme ceux commis aux Messageries nationales, en décembre 1878, ou chez M. Allard, place de la Bourse, au mois de mai 1882, ou dans les diverses banques étrangères, sont pratiqués par des « détrousseurs internationaux » affiliés aux « offices » anglais et américains, ayant à leur solde des

« sollicitors » sortes d'agents qui, tout en ne connaissant pas les voleurs, servent d'intermédiaires pour la restitution des titres à leurs légitimes propriétaires, moyennant une commission variant de 30 à 50 0/0. Afin de se mettre à l'abri de poursuites judiciaires le « sollicitor » ne possède aucune des valeurs soustraites. Il se place même, pour opérer son trafic, sous la protection des lois anglaises, qui ne punissent les vols commis, sur le continent, par leurs sujets, que si les voleurs sont nantis des objets volés.

Cette immunité reconnue à ces négociateurs de titres serait sur le point de disparaître, l'honneur du gouvernement anglais ayant tout intérêt à faire cesser ces regrettables habitudes commerciales en modifiant sur ce point sa législation.

Lorsque des financiers refusent de se plier aux exigences des « sollicitors », les titres frappés d'opposition deviennent l'objet de falsifications si habilement faites qu'au Ministère des Finances, à la Banque, dans les Compagnies de chemins de fer, elles étonnent et déroutent un personnel exercé à manipuler des valeurs.

Les membres de cette redoutable association

de malfaiteurs, toujours en route, deviennent insaisissables par la défectuosité des polices internationales qui ne répondent plus au besoin du jour. La *réglementomanie* de tous les pays embrouille, paralyse les affaires les mieux conduites, et ce manque d'homogénéité *ouvre* un champ trop vaste au travail des grands criminels dont l'identité et les antécédents restent encore trop souvent à l'état de problème. Lorsque l'un d'eux est détenu, il refuse de poser devant le photographe. La planche 11 donne le spécimen d'un Anglais et de deux Allemands photographiés dans leur pays contre leur volonté. Le sujet anglais, solidement attaché, occupe la partie du milieu et sa grimace le rend méconnaissable. La fiche fournie par la police de Londres, mentionne que ce faussaire a successivement pris les noms de Phillips, John, Massonn, Carty, Junkey, qu'il a 60 ans, cinq pieds huit pouces, et qu'il est affligé d'une forte corpulence. Quant aux sujets allemands plusieurs geôliers les maintiennent par le corps, par la barbe, par les cheveux, et la médiocrité du résultat est loin de justifier ces mesures inutiles et cruelles.

Au milieu de cinq cents autres, j'ai relevé ces trois types sans état-civil réel, sur des carnets photographiques extrêmement curieux que possèdent à Berlin et à Londres, les agents désignés pour la recherche des *malfaiteurs touristes* qui modernisent, varient avec tant d'art leur façon de procéder.

En France nous n'employons pas la force, et si par hasard l'intervention d'un aide opérateur semble nécessaire, *celui-ci* se contente de maintenir la tête comme cela s'est présenté pour photographier cette vieille femme de ménage, une voleuse née à Varsovie, que l'on voit auprès de sa congénère, fausse dévote, égrenant un chapelet et qui n'a consenti à la reproduction de son image qu'en prenant cette pose édifiante. La troisième femme, condamnée par abus de confiance sous le prénom de Blaisine, couchait près des fortifications, sur le terrain appartenant à la zone militaire; mise en présence de l'objectif, elle n'a cessé d'agiter les paupières, afin de masquer une tache blanche très apparente sur la cornée de son œil droit.

Au-dessous des voleuses, nous avons le portrait d'un *carroubleur* (1), arrêté en flagrant délit. A son premier interrogatoire, il traça ces mots : « Je m'appelle Décarade (2), je suis

(1) Voleur à l'aide de fausses clés.
(2) Décarade : terme d'argot signifiant liberté.

sourd-muet de naissance ». Plaçant ensuite son mouchoir autour de sa tête il a, jusqu'à son envoi en maison centrale, conservé un mutisme absolu.

Ses voisins sont des pickpockets inconnus, le premier, par la contraction forcée des muscles faciaux, présente une grimace ridicule, et le second par sa fixité fait perdre à sa figure l'expression naturelle pour prendre le caractère de l'*hébêtement*.

Les sujets de la planche 12 forment contraste avec les précédents; ils étudient leur pose en présence de l'objectif photographique. Sur les six hommes, quatre sont étrangers et celui qui a la tête couverte pratiquait le vol dit : *à l'américaine*. Sa peine subie, il est retourné à Rome son pays d'origine. A ses côtés, figurent des récidivistes parisiens à l'air bons enfants, gouailleurs, qui, dans toutes les attitudes, collectionnaient leurs photographies pour se rappeler, disaient-ils, la date de leurs entrées à la prison de Mazas. Ils ont trouvé drôle cette fois de sourire et de rire après avoir mis leurs cheveux en « fourrage ».

Des trois femmes, deux se livraient à la débauche, notamment celle qui a les bras croisés. La troisième, vêtue de noir, coiffée

d'un chapeau, a la physionomie exprimant une
véritable douleur ; ses yeux, tristes, fixés vers
le ciel. semblent implorer la clémence divine.
Son histoire est banale : veuve, pauvre, ins-
truite, intelligente, sans profession, elle volait
pour continuer de payer la pension de son fils.
Surprise nantie de mouchoirs brodés, elle re-
fusa les renseignements que le propriétaire des
marchandises était en droit d'exiger, et cette
obstination la maintint, comme inconnue, plusieurs mois prisonnière. Traduite en police correctionnelle, le jour de l'audience, elle fut reconnue par un avocat, lequel se chargea de sa
défense et obtint du Président qu'on remît l'affaire à quinzaine.

Elle mourut dans l'intervalle.

Cette tragique aventure de la misère n'est
malheureusement pas la seule, et, avec ou sans
maternité, la justice use d'indulgence envers
les malheureuses diplômées qui commettent
certains actes coupables à la suite d'infruc-
tueux efforts pour obtenir des leçons ou un
emploi commercial.

Le service judiciaire photographique institué
par M. Léon Renault remonte au mois de janvier 1874. La première direction en fut confiée
à M. Lombard, officier de paix. Les successeurs

de M. Léon Renault perfectionnèrent ce service devenu aujourd'hui le collaborateur indispensable de la police. Les traits des criminels contumax ou présents, les plans des lieux où les crimes sont commis, les visages des personnes transportées à la Morgue et qui restent inconnues sont les puissants auxiliaires du personnel de la Sûreté. L'atelier de pose se trouve dans un corps de bâtiment du Palais-de-Justice. Les opérateurs prennent rapidement, de face et de profil, les images de chaque modèle ; la moyenne des clichés doubles exécutés est de quarante par jour, et chaque cliché fournit au moins quatre épreuves.

La photographie criminelle n'est pas arrivée à son degré de perfection, car elle ne sait pas rendre saisissant le caractère de l'individu, et, presque toujours, il arrive que les opérateurs, trop pressés, enlaidissent leur modèle en leur enlevant, par l'objectif à foyer fixe et la lumière mal disposée, l'expression même de la physionomie. Que d'épreuves plates, sans modelé, sans ombre, complètement imparfaites ou grossières, comme celle du faux Campi, dont la tête a été rendue méconnaissable par l'exagération des traits et la dureté des parties saillantes de la figure. Ses arcades sourcilières, son nez, son menton en raccourci ont dénaturé l'aspect et la forme de la tête, qui, d'ovale, est devenue ronde. Il y aurait lieu de tenir un meilleur compte de l'anatomie du visage, afin de ne pas enlever la ressemblance du sujet généralement rebelle au « ne bougeons plus » des photographes du Préfet de police.

Plusieurs juges d'instruction de province m'ont demandé, par écrit, les moyens employés à l'égard de malfaiteurs inconnus qui refusent de se laisser photographier. J'ai répondu que, cette mesure n'étant pas obligatoire, on ne pouvait y soumettre personne. Maintenant, l'art merveilleux de la photographie instantanée permet de saisir la nature sur le vif et, par cela même, de se passer du consentement des modèles. Bien des prévenus sont ainsi reproduits sans le savoir.

Voulant supprimer des abus, M. Camescasse donna l'ordre, le 6 octobre 1881, de ne photographier que les individus poursuivis pour les crimes et les délits suivants : assassinats, attaques nocturnes, chantages, détournements, éloignements, escroqueries, évasions, faussemonnaie, faux, filouterie, fraudes, incendies, meurtres, pédérastie, rupture de ban, viols, vols.

A ces catégories s'ajoutaient les récidivistes et les inconnus. Les récidivistes continuent, chaque année, leur marche ascendante ; en 1885, on en comptait soixante sur cent prisonniers, et ce sont eux qui commettent la plupart des crimes.

Les malfaiteurs ayant subi des peines dissimulent leur identité ; aussi les hauts fonctionnaires de la police ont dû, à titre d'encouragement, allouer une prime de cinq francs aux inspecteurs qui établissent leur véritable état civil. Le désir d'avoir cette prime, joint au sentiment du devoir, stimulait le personnel et le nombre des reconnaissances était assez élevé. Les brigadiers Tructin et Vincensini dressaient les jeunes agents à reconnaître, par les yeux et la mémoire, les physionomies des repris de justice ainsi que celles des prévenus susceptibles de le devenir. En 1880, M. Caubet voulut supprimer cette brigade en imposant « l'infaillibilité » du nouveau système anthropométrique de M. A. Bertillon. Mais jusqu'à mon départ, et malgré les embarras successifs que l'on suscitait à mes hommes, j'ai maintenu cette « école de reconnaissance » comme on maintient le gaz à côté de l'électricité. Le service photographique judiciaire serait maintenant confié à

M. Bertillon afin de lui permettre d'appliquer en grand son procédé de classification qui consisterait à partager les 100.000 portraits de condamnés alphabétiquement classés aux archives du cabinet de la Préfecture de police, en collections d'individus à peu près de même taille : ces collections se subdiviseraient par groupes secondaires fondés sur la largeur des pieds, la couleur des yeux, la longueur de la tête et en réduisant le nombre des photographies son auteur arriverait, méthodiquement, à réunir une centaine de têtes parmi lesquelles le récidiviste cherché pourrait se retrouver.

Jusqu'à présent, disait M. Bertillon, et après lui répétait M. Caubet, « la Police et la Justice tournent dans un cercle vicieux » : on photographie pour être à même de découvrir le nom d'un récidiviste ; mais pour retrouver la photographie précédemment faite, besoin est d'avoir le nom. La véritable originalité de la méthode nouvelle est de pouvoir servir de base à une classification qui permet de retrouver la photographie d'un récidiviste au moyen de son seul signalement chiffré, à la condition bien entendu d'avoir été antérieurement « mensuré ».

C'est là justement où gît la grande difficulté.

Toises verticale et horizontale

Compas glissière

Compas d'épaisseurs

PARIS. - Phototypie CHAFFONTE & Ce, 9e, rue Sherbourg.

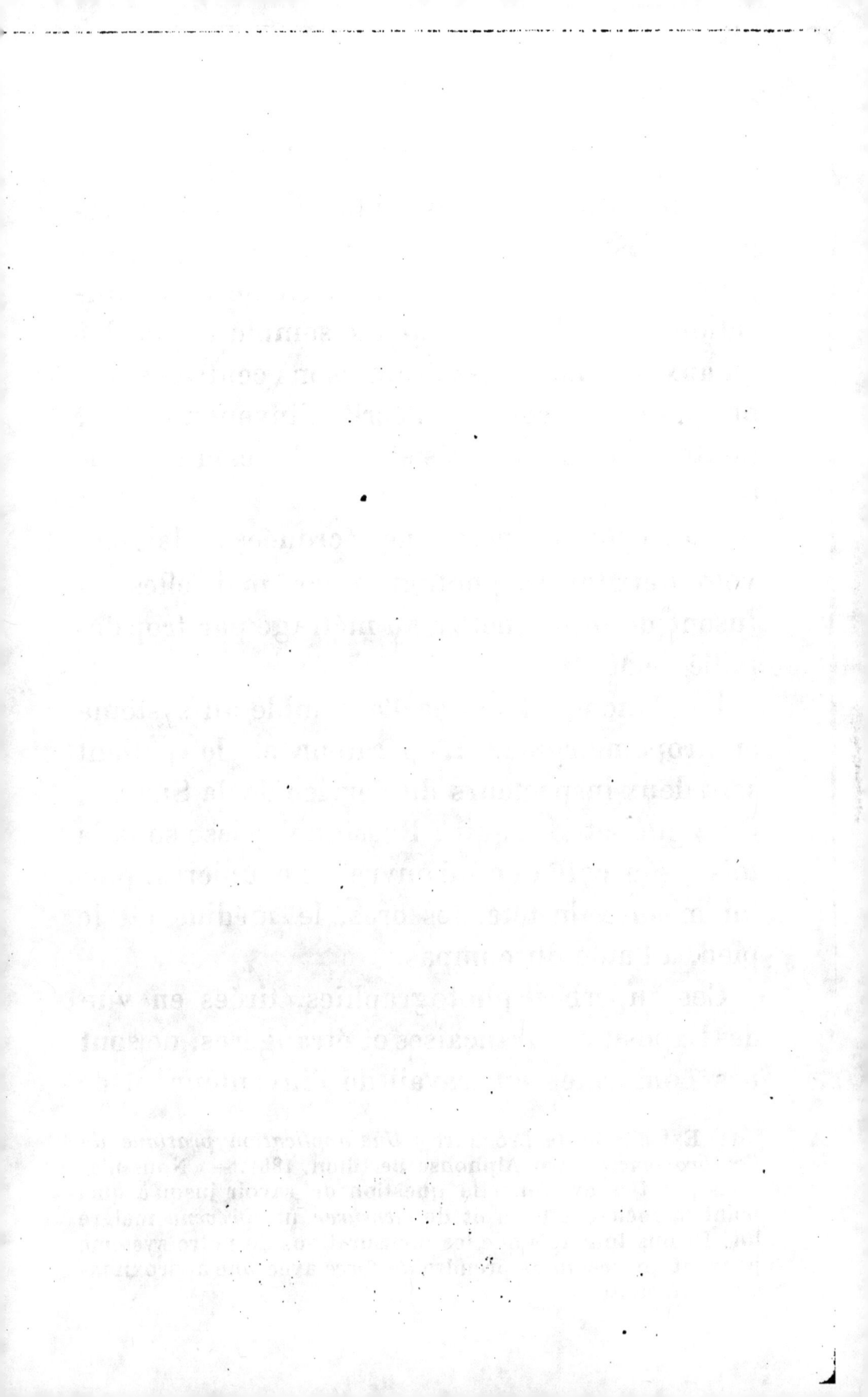

L'anthropométrie, pas plus que la photographie, n'est obligatoire pour les inculpés, les prévenus, les accusés, et le système d'identification de M. Bertillon ne me semble applicable qu'aux pensionnaires des maisons centrales, car on pourrait, comme l'écrit l'inventeur, leur mettre en cas de résistance la camisole de force (1).

Au Dépôt, les personnes écrouées se laissent volontiers toiser, photographier, mais elles refusent de se soumettre au métrage par trop détaillé de M. Bertillon.

La planche 13 donne l'ensemble du système anthropométrique. L'opérateur et le patient sont deux inspecteurs du Service de la Sûreté : Rossignol et Mouquin. Rossignol passe sous la toise, son collègue lui ouvre les paupières, puis lui mesure la tête, les bras, le médius et le pied, à l'aide du compas.

Ces superbes photographies, tirées en vue des Expositions françaises et étrangères, ne sont pas conformes au travail de l'inventeur et de

(1) Extrait de la brochure : *Une application pratique de l'anthropométrie*, par Alphonse Bertillon, 1881. — « Nous n'avons point à examiner la question de savoir jusqu'à quel point la société a le droit de *mensurer* un *prévenu* malgré lui. Disons toutefois que les mensurations de notre système peuvent au besoin se prendre *de force* avec une approximation suffisante. »

ses aides. C'est un trompe-l'œil. J'ai assisté plus
de vingt fois et toujours avec dégoût à ce mesurage des parties osseuses d'individus provisoirement écroués au Dépôt et que des substituts
remettaient en liberté définitive.

Voici quelles étaient les indications à remplir sur la fiche du mensuré : taille, longueur
et largeur de la tête, auriculaire, écartement
des hanches, avant-bras ou coudées, longueur
du pied, hauteur de la fourchette, entre-jam-
bes, grandes envergures.

Je possède cette fiche écrite par M. Bertillon
et je soutiens qu'aucun honnête homme ne se
laissera ainsi manipuler.

En 1884, je disais dans mon premier ouvrage
(*Le Service de la Sûreté*, page 376) : le *tombeur*
de la Préfecture de police, M. Yves Guyot, n'a
fait l'éloge que d'un seul homme, M. Bertillon,
et d'un seul système, celui de M. Bertillon,
inventeur de l'anthropométrie, qui consiste à
reconnaître par les mesures des diverses parties
du corps d'un homme, l'identité des récidivistes qui cachent leur nom et leurs antécédents.

Dans des brochures qu'il a publiées à ce sujet, M. Bertillon parle des objections que d'autres pourraient faire, et il les rétorque naturellement à sa façon.

M. Bertillon est sérieusement convaincu de l'infaillibilité de son système, mais je ne partage pas sa conviction, et le 19 novembre 1881, je lui adressai la lettre suivante :

« J'ai lu attentivement les documents que vous m'avez communiqués relativement à votre système.

» Les inconvénients que vous signalez au sujet des individus qui cachent leur identité existent réellement, et un remède à l'état actuel des choses serait très utile.

» Votre système obvierait *peut-être* à ces inconvénients si les *mensurations* devaient toujours être prises par des employés consciencieux et intelligents, qui apporteraient dans cette mission tout le soin et les connaissances désirables.

» Mais vous connaissez assez l'esprit de routine et le travail machinal du personnel administratif, pour admettre que ce *métrage* méticuleux soit fait avec la précision voulue. Je ne parle pas des femmes, *impossibles à mesurer*.

» Enfin, je crois votre système trop compliqué pour être suivi avec succès.

» Veuillez agréer, etc... »

Depuis cette époque, M. Bertillon a été auto-

risé à faire des expériences au Dépôt, et j'ai dû
mettre deux agents à sa disposition.

Son système est jugé maintenant, et je n'hé-
site pas à dire qu'il est loin d'avoir l'infaillibilité que lui attribue son auteur.

Les inconvénients en sont nombreux, et ils
laissent à désirer au point de vue de la pro-
preté et de l'hygiène, car ce sont les mêmes
instruments qui, sans être parfaitement net-
toyés, passent de la tête d'un détenu à celle
d'un autre.

L'opération du mesurage rappelle la toilette
que l'exécuteur des hautes-œuvres fait subir
aux condamnés à mort avant l'exécution. Les
détenus sont amenés les pieds nus, le paletot
enlevé, le col de chemise déboutonné et les
manches retroussées. Ils sont ensuite, un par
un, placés contre un mur, les bras en croix,
aussi allongés que possible. On mesure les
pieds, les mains, les doigts, la tête en tous sens,
on leur ouvre les paupières et l'on discute la
couleur de leurs yeux, sur laquelle on n'est pas
toujours d'accord (1).

(1) Pour donner à la couleur des yeux toute la valeur si-
gnalétique dont elle est susceptible, il suffirait de s'entendre
une fois pour toutes sur les qualificatifs à employer : *un
terme pour chaque couleur et rien qu'un terme.* Adopter par
exemple les mots « *marron, bleu, gris, vert,* » auxquels on

Enfin, pendant un quart d'heure, le détenu subit sinon une véritable torture, du moins une foule d'attouchements vexatoires au plus haut degré.

Je n'insiste pas sur la comparaison à établir entre ce travail et celui formant la planche 13.

Les mensurations ont lieu sans discernement et sans distinction précise des catégories d'individus qui y sont soumis.

Le 18 janvier 1884, j'adressai au Préfet de police le rapport suivant :

« Dans son numéro d'hier, sous la rubrique : *Les abus du jour,* le journal la *Bataille* récrimine contre la mensuration des pieds et des mains que l'on a fait subir au Dépôt au cocher B...., gréviste de la Compagnie des Petites Voitures,

adjoindrait les qualificatifs : *foncé* ou *clair;* et proscrire dans les signalements les expressions : yeux bruns, yeux roux, yeux jaunes, par lesquelles on désigne les yeux clairs, quelle qu'en soit la nuance fondamentale, etc. L'œil gris, complètement gris, n'existe, pour ainsi dire, pas. Il est généralement violet plus ou moins clair.

Les nuances mélangées doivent se désigner par l'opposition de deux nuances composantes, la nuance dominante se plaçant la première ; exemple : œil bleu gris, œil gris bleu, œil marron bleu, œil bleu marron. Désigner la nuance d'un œil, même d'une façon approximative, est souvent très délicat. En cas d'indécision, indiquer seulement le ton, sans désigner la nuance : yeux clairs, yeux foncés.

(Extrait de la brochure : *Application pratique de l'anthropométrie,* de M. Alphonse Bertillon, 1881.)

arrêté le 1er du courant pour entrave à la liberté du travail.

» Je suis personnellement étranger à la mensuration des détenus, et je ne sais de quel procédé use M. Bertillon pour distinguer ceux des détenus qui doivent être exemptés de cette opération.

» Aussi, pour éviter toute méprise regrettable, j'ai prescrit l'ordre aux agents détachés auprès de lui, par ordre de M. Caubet, de ne procéder aux mensurations qu'en sa présence et sur les individus désignés par lui. »

M. Bertillon faisait mettre au cachot des prévenus refusant de se soumettre à la mensuration, quand, à la même époque, le Procureur de la République priait le Préfet de police de cesser l'application de la photographie aux personnes arrêtées à la suite de mandats d'amener ou de dépôt, laissant à MM. les Juges d'Instruction le soin d'apprécier l'opportunité d'une pareille mesure.

M. Yves Guyot, dans sa campagne contre la Préfecture de police, a poussé des cris d'indignation contre le *ligotage,* mais il a encouragé le système de M. Bertillon, sans lire les brochures de l'inventeur, où il est question de l'emploi *de la force,* pour goûter les bienfaits de l'anthropométrie.

Etait-ce vraiment la peine de supprimer, en 1870, la camisole de force aux condamnés à mort, si on l'impose à des cochers en grève et à des individus qui ne sont qu'inculpés ?

J'ignore si les reconnaissances des récidivistes ont augmenté depuis que le système de M. Bertillon est officiellement mis en pratique, et je serais curieux d'apprendre comment il applique ses mesures anthropométriques aux femmes et aux adolescents qui se font, comme les hommes, écrouer sous de faux états-civils.

La question des cicatrices, des tatouages, préoccupe aussi M. Bertillon ; « on devrait, écrit-il, en indiquer la longueur ainsi que l'emplacement par rapport à un point déterminé relevé le *décimètre à la main,* car les artistes en tatouages changent un aigle en corps de femme, une ancre en serpent boa, et cicatrices et tatouages peuvent toujours augmenter, jamais diminuer ».

C'est la douce monomanie des mesures qui berce l'imagination de ce *mensurateur* et l'on m'assure qu'il cherche un *patronomètre* afin d'étendre son système sur des parties ayant un caractère spécial. En tous les cas il paraît igno-

rer que diverses ordonnances et instructions
ministérielles, remontant à l'année 1831, re-
commandent aux directeurs des maisons péni-
tentiaires de prendre sur les prisonniers les
inscriptions et les descriptions exactes des tatouages. Le 23 août 1849, le ministre de l'intérieur adressait la circulaire suivante aux
préfets :

« Je vous prie d'inviter les directeurs à re-
cueillir, avec le plus grand soin possible, tous
les signes particuliers qui affectent l'habitude
du corps ; car à l'aide de ces signes l'individu
qui ne veut pas reconnaître, comme lui étant
applicable, une condamnation antérieure, est
matériellement contraint de l'avouer. Il est
utile surtout de relever les objets représentés
par le tatouage et de ne pas le signaler seulement par l'expression générale tatoué ».

M. le docteur A. Lacassagne, professeur de
médecine légale, à la Faculté de Lyon, a publié
une étude intéressante sur les tatouages ; sa
collection unique, reproduit d'une manière
absolue les inscriptions, les dessins, pris par
lui sur la peau de 600 individus. 1.333 tatouages sont classés en sept catégories distinctes.

1.333

Le docteur Lacassagne fournit le tableau indiquant la distribution des tatouages sur les différentes régions du corps, et ce n'est pas M. Bertillon qui pourrait toujours en découvrir le *siège*.

J'ai vu des tatouages qui étaient des merveilles d'ornementation, et voici avec quelle simplicité les prisonniers procèdent : le tatoueur se sert de fines aiguilles fixées sur un bouchon de liège, les pointes forment une saillie d'un millimètre. Il pique le tatoué en suivant les contours d'un dessin tracé à la plume sur la peau, puis il frotte la partie piquée avec de l'encre de Chine, du vermillon ou de l'indigo.

Plusieurs réclusionnaires m'ont affirmé qu'en mêlant du *vitriol* à la couleur le tatouage restait indélébile, et cette indélébilité a ses inconvénients si l'histoire racontée sur Bernadotte, devenu roi de Suède, est fidèle ; en sa qualité de Jacobin, jusqu'à l'avènement de l'Empire, il aurait fait inscrire sur la peau de son avant-bras gauche cette devise : « Liberté, égalité, ou la mort ! »

Si ce monarque avait eu un médecin comme celui de la prison de la Santé, il lui aurait rendu le service de le *désentatouer*.

M. le docteur Variot serait enfin parvenu à enlever les tatouages qui passaient pour être indélébiles, et on ne peut que l'engager à persister dans cette voie. La suppression des tatouages est un signe de civilisation.

Les malfaiteurs connus ou inconnus se laissent volontiers photographier, parce qu'on les déplace, et que de ce déplacement peut surgir une circonstance favorable à leur évasion. Les scélérats ont l'esprit inventif, de la patience, et un but unique : l'évasion. Sous prétexte d'éclairer la police, de faciliter la prise de complices souvent imaginaires, ils multiplient les extractions qui, annuellement, se chiffrent par une moyenne de quatre mille. Ils n'ignorent point que le personnel de la Sûreté ne doit jamais porter d'armes, et comme chaque agent devient responsable de la personne qu'il conduit, il a sur lui sa ligote et son cabriolet, instruments dont la planche 14 donne la reproduction, ainsi que les poucettes et les menottes, objets spéciaux et utiles aux gendarmes lorsqu'ils opèrent la translation des prisonniers.

Les mots *ligote, ligotage, ligoteur* ne sont pas français. M. Lorédan-Larchey, dans son *Dictionnaire historique d'argot,* les définit de la façon suivante : *ligotante, ligote,* corde servant à lier les mains du malfaiteur. Vieux mot qui est le frère de *ligament.*

La ligote, en effet, est une corde semblable à celle adoptée pour le montage des stores. Les cordiers l'appellent septain, ou corde composée de six torons tortillés autour de l'*âme,* c'est-à-dire du septième toron. Elle supporte, à l'aide de petites moufles, des charges considérables.

L'inspecteur qui opère l'extraction d'un détenu commence par le fouiller; puis il lui fait placer la main droite dans la poche du pantalon et sous le gilet enroule la ligote autour de la taille et du poignet ; il réunit ensuite les extrémités de la corde par de solides nœuds placés de manière à les garantir des tentatives que pourrait entreprendre la main gauche restée libre. Cette attache est tellement invisible, que

9

sur la voie pub..que, l'agent et le détenu cau-
sent, fument, rient et circulent sans attirer l'attention des passants. Il serait difficile à un individu ainsi ficelé de prendre la fuite sans être
ressaisi. Un détenu peut, sans la moindre souf-
france, rester ligoté plusieurs heures ; mais
lorsqu'il s'agit de le conduire de bureau en bureau, au lieu de la ligote on lui passe, toujours
au poignet droit, le *cabriolet* ou *serre-poigne,*
petite corde terminée par une double poignée
de bois ou de métal. La planche 14 en présente quatre spécimens ; le plus ancien, aux
poignées de cuivre, avec corde à nœuds, appar-
tenait à l'inspecteur principal Monsin ; cet ancien serviteur avait passé son ancien *cabriolet*
aux poignets du docteur Lapommerais, du boucher Avinain, de Philippe, le tueur de filles, et
de Troppmann, l'exterminateur d'une famille
entière. Les deux autres cabriolets, avec chaî-
nettes et poignées de bois forme olive, ont conduit Prévost, Ménesclou, Abadie, Gille, Lantz,
Gervais, Foulloy, Campi ; et le dernier, en
corde de boyau, garni de trois nœuds, a maintenu Billoir, Lebiez, Barré et Moyaux.

Les récidivistes regardent avec méfiance le
cabriolet, ils en connaissent le caractère
énergique et redoutent son application ; pour

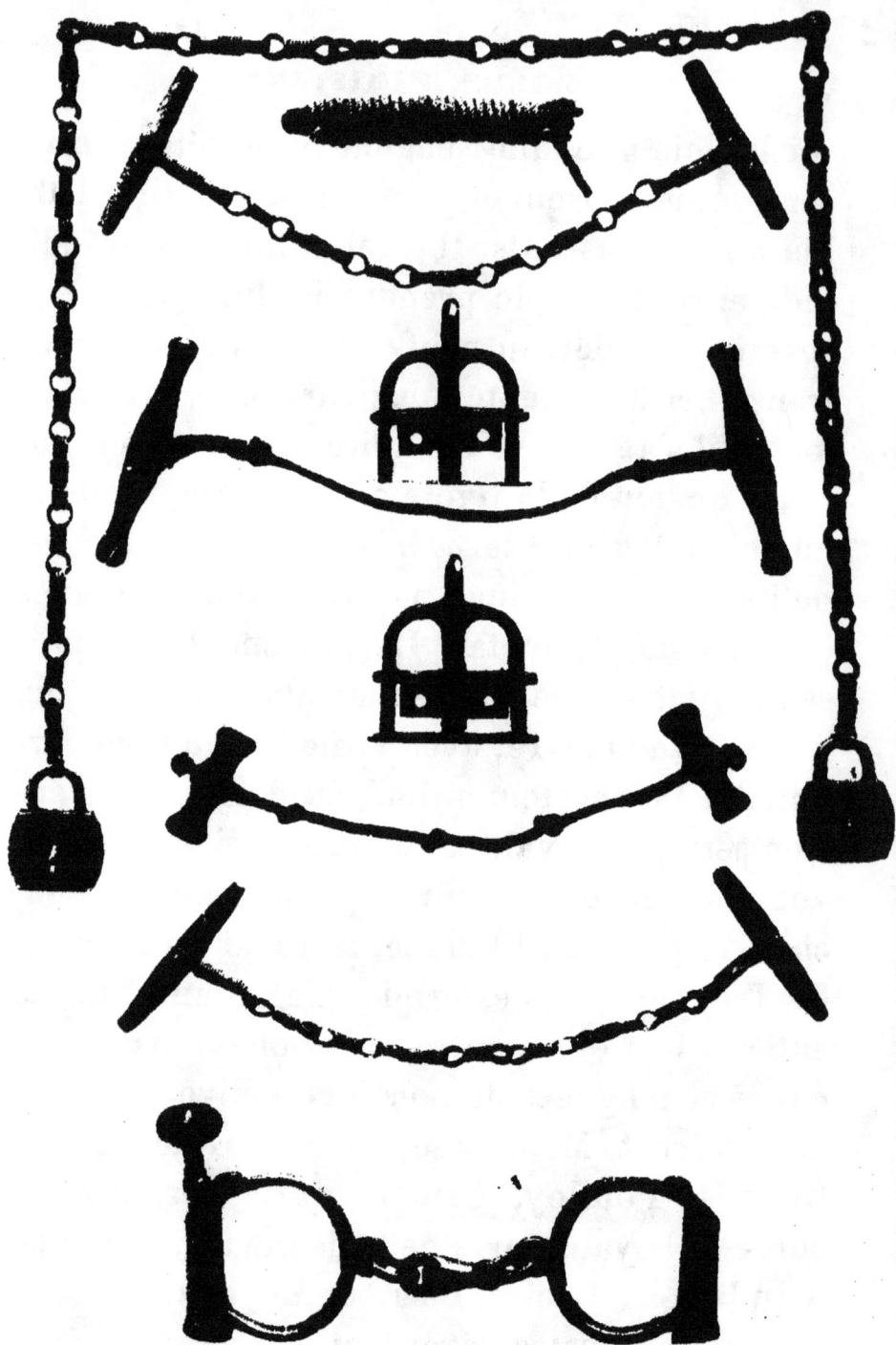

Ligotte, Poucettes et Cabriolets.

en démontrer sa valeur, il suffit de tourner les poignées dans le même sens et la corde, se resserrant, procure une telle douleur que les jambes de la personne ainsi « cabriolée » choquent subitement l'une contre l'autre, ce qui fait dire aux agents : « Le cabriolé cabriole. »

Après le premier et le second cabriolet, se trouvent les *poucettes,* instruments en fer dont les ouvertures, en forme d'arcad ;, servent à placer les pouces du prisonnier, que l'on maintient par l'écrou et la chaîne cadenassée. Cette chaîne peut être utilisée sans poucettes; on l'enroule alors autour du poignet et le cadenas la fixe. Les gendarmes, avec ce système, conduisent plusieurs accusés, sans évasion possible.

Les *menottes* sont de *gros bracelets* de fer, pareils à celui reproduit au bas de la planche 14; on les passe aux poignets des individus dangereux; ils s'ouvrent et se ferment au moyen de la clé en forme de vis.

Les chaînes, les cordes, qu'elles s'appellent ligotes, cabriolets, poucettes, menottes, ne sont pas appliquées aux femmes, et elles ne devraient plus servir pour les écrivains, les journalistes et les hommes politiques. L'autorité administrative, en masquant la brutalité de son règlement derrière une mesure de prudence qui empêche l'évasion, le suicide des malfaiteurs, a le devoir d'interdire à son personnel l'usage de semblables procédés à l'égard d'adversaires du gouvernement. Elle doit d'autant plus défendre leur liberté que, demain, le caprice du suffrage universel peut les rendre maîtres du pouvoir.

L'article 310 du Code d'instruction criminelle dispose que l'accusé comparaîtra libre devant ses juges ; or, au Grand, comme au Petit Parquet, aux audiences de police correctionnelle comme à la Cour d'assises, le prévenu n'a auprès de lui que les gardiens indispensables au respect, à la sécurité des magistrats et des témoins. Mais il arrive fréquemment que, sur le théâtre d'un crime, ou dans l'intérêt de la vérité, la réunion de plusieurs inculpés nécessite l'emploi de la ligote.

A la Morgue, j'ai assisté à une scène écœurante qui s'est passée entre trois cyniques criminels incapables d'éprouver la moindre émotion. Le plus âgé, encore mineur, reprochait au plus jeune d'avoir trop « serré la vis » à une rentière dont le cadavre était étendu sur la table servant aux autopsies judiciaires.

— De quoi?... de quoi?... répondit Soupape, vaurien de dix-sept ans, lançant un regard furieux à Tireflûte.

Et il ajouta de sa voix traînante, à l'accent canaille :

— J'ai tenu les *courriers* (pieds) de la *blécharde* (vilaine) et je n'ai pas touché son *tube* (cou).

— *Vanneur* (menteur), s'écria le troisième, surnommé Vasistas, pendant que je *chahutais la cambriole* (1), Tireflûte, qui tenait les *compas* (jambes) de la *bibassone* (vieille), t'a *jaspiné* (parlé) et j'ai *escourdé* (écouté). Voilà son *boniment* (paroles) : « Ne *cramponne* (serre) pas si fort le *collier* (cou) pour éviter la *carline* (mort). »

— C'est pas vrai! s'écria Soupape ; moi, je tenais les *jacquots* (mollets) et Tireflûte l'*avaloir* (gosier); ce sont ses *prenantes* (mains) qui ont *ébassi* (assassiné) la *rembasle* (rentière). Elle a fait *qui-qui* et j'ai *bouclé* (fermé) mes *mirettes* (yeux).

Les agents furent obligés de ligoter Soupape qui, après avoir injurié, menacé ses complices, porta un formidable coup de poing sur le visage

(1) Je volais dans la chambre.

de Vasistas. Cette mesure le calma ; il but un
verre d'eau, fuma une cigarette et ses réponses
au juge devinrent convenables. Il se reconnut
l'auteur principal du crime.

Quand les assassins font des aveux, les
confrontations deviennent inutiles ; mais, à dé-
faut de preuves matérielles et lorsqu'il y a en-
tente entre les inculpés, elles sont indispensables, et c'est principalement à la Morgue où
se passent les actes les plus dramatiques de la
procédure criminelle.

Nous allons y pénétrer.

L'étymologie du mot *Morgue* est encore
douteuse. L'établissement qu'il désigne, devenu municipal, ayant un caractère officiel, reçoit les cadavres inconnus, que l'on conserve
au moyen d'un appareil frigorifique.

On évite ainsi la putréfaction, presque les
odeurs malsaines, et les corps qui, autrefois,
ne pouvaient séjourner plus de trois jours, y
restent indéfiniment dans des intérêts de famille
et de justice.

Les chambres frigorifiques, entourées de
tuyaux producteurs du froid, sont soumises à
des températures variant de cinq à vingt degrés
centigrades au-dessous de zéro. Les cadavres,
en se congelant, prennent la consistance de la

MORGUE

Salle destinée à la conservation des cadavres.

pierre, et, si on les frappe d'un coup de maillet, ils rendent un son mat et net à la fois.

La Morgue, sur laquelle on a beaucoup écrit en mêlant les faits historiques aux fantaisies les plus variées, possède, comme les prisons, un registre d'écrou. Ce livre vivant parmi les morts forme, en centralisant le passé avec le présent, la sombre collection des désespérés de la vie dont les fins lugubres, silencieuses, saisissantes, sont remplies de drames vécus.

L'enquête publique faite au grand jour et la réalité des choses seraient suffisantes pour tracer la véritable histoire de la Morgue, dont l'origine remonte à 1604. En 1802, après son éviction de l'enceinte du Grand-Châtelet, elle s'installa provisoirement dans l'étal d'un ancien boucher de la ruelle de l'Arche-Pépin, ayant son entrée sur le quai de la Ferraille, aujourd'hui quai de la Mégisserie. L'ornementation de la boutique de ce boucher était l'œuvre du célèbre sculpteur Jean Goujon.

En 1804, le nouveau bâtiment de la Morgue, ayant la forme d'un grand tombeau grec, était construit place du Marché-Neuf, non loin du pont Saint-Michel. En 1830, le local reconnu insuffisant, fut démoli et reconstruit sur le même emplacement, mais dans de meilleures conditions d'hygiène et de salubrité. Ce travail dura cinq années. Lorsqu'en 1864 la pioche des démolisseurs abattit les vieilles maisons de la Cité, la Morgue fut de nouveau rasée et reconstruite à l'endroit surnommé « la motte aux papelards », terrain où la Seine se partage, forme deux bras, entourant Notre-Dame et la Sainte-Chapelle, seules églises restées debout sur soixante-douze édifices élevés au culte dans l'île de la Cité, berceau du Paris actuel.

C'est derrière le square de Notre-Dame, à l'extrémité du quai aux Fleurs et entre les ponts Saint-Louis et de l'Archevêché que l'on aperçoit la façade principale de la Morgue, représentée sur la première photographie de la planche 15.

La deuxième photographie reproduit l'intérieur de la salle où sont déposés les corps avant ou après leur séjour dans l'appareil frigorifique.

A l'extrémité de cette salle on aperçoit un cadavre étendu sur la table servant aux autopsies. Cette table en plomb, longue, étroite, légèrement creuse, tourne sur un pivot et permet d'exposer à la vive lumière les parties du corps que l'on veut examiner en détail.

Le sol de la pièce réservée aux autopsies est

garni d'un grillage en bois, afin d'éviter le
contact des chaussures avec le sang et l'eau
s'écoulant des cadavres. C'est dans cette pièce,
autour de la table mobile, qu'a lieu la confron-
tation de l'assassin avec sa victime. Si le Juge
d'Instruction n'obtient pas d'aveux, l'expert
médecin cherche à faire parler le cadavre ; il
le taille, le découpe et met les fragments de
chair soumis à son analyse médicale dans une
large coquille remplie d'eau courante.

L'ensemble du bâtiment de la Morgue est
simple, ses murs sont propres et rien d'anor-
mal n'annonce sa funèbre destination.

Les règlements qui la concernent se résu-
ment par l'arrêté du 3 floréal, an VIII (mai
1800), relatif aux envois à la basse geôle de
cadavres retirés de la *rivière,* et par les ordonnances et circulaires des Préfets de police en
date des 17 août 1804 (M. Dubois), 25 mars 1816
(M. Anglès), 2 décembre 1822 (M. Delaveau),
29 avril 1830 (M. Mangin), 20 juin 1843 (M. G.
Delessert), 25 juin 1871 (M. Valentin), 15 mai
1882 et 15 juin 1883 (M. Camescasse).

Ces règlements successifs apportèrent des
réformes, des améliorations, en faisant cesser
dans ce lugubre musée mortuaire une foule de
pratiques et de scènes dégoûtantes.

Que d'abus, que de profanations se commettaient autrefois dans l'enceinte de la Morgue!

L'unique garçon *morgueur* tirait profit de tout ce qu'il pouvait enlever à « ses pensionnaires. »

Les coiffeurs, les dentistes venaient se rassortir dans la boîte dite « Coffret des Macchabées ».

Les arracheurs de dents autorisés à débiter leurs boniments sur la place du Marché-Neuf s'y approvisionnaient à bas prix. Du haut de leurs voitures, ces ancêtres de Mangin faisaient alors aux yeux des badauds stupéfaits sauter et retomber en pluie dans les plates corbeilles, dites « vans », une énorme quantité de molaires, de canines et d'incisives, extraites *sans douleur*. En effet, on les avait arrachées aux cadavres.

Les vendeurs de pommades, spécialement fabriquées pour arrêter la chute des cheveux et précipiter celle des cors, durillons, œils-de-perdrix rebelles, achetaient aussi leurs précieux échantillons à la Morgue.

Les longs et beaux cheveux de diverses nuances, pendus à leurs tréteaux, que les curieux pouvaient au besoin caresser, provenaient des cadavres de femmes; quant aux cors, durillons, œils-de-perdrix, ils étaient fa-

cilement enlevés sur les personnes, non recon-
nues et mortes par submersion.

Le public crédule examinait, à l'aide d'une
puissante loupe, ces horribles cors munis de
leurs racines que le charlatan avait eu la précaution de réunir au fond d'une large coupe de
cristal. « Vous pouvez voir, toucher, criait-il,
je vous assure qu'ils sont tombés sans douleur. » Ce saltimbanque ne mentait point : grâce
à ces exhibitions il débitait ses pots de pom-
made.

Livré à lui-même, le garçon morgueur donnait asile la nuit, à des prostituées, dans la
chambre de garde. Les cadavres étaient souvent témoins muets des plus viles débauches.
Moyennant une rétribution, variant de deux
à trois francs, certains individus, aux passions
étranges, doués d'appétits malsains, toujours
à la recherche d'émotions dépravées, pouvaient
assister à la mise à nu et au nettoyage des cadavres. Aucune précaution n'était prise pour
ces opérations, et c'est à grands coups d'un ba-
lai de bouleau que l'on débarbouillait les corps.

Le morgueur donnait aussi des soirées à spectacle. On remplaçait le thé par un saladier de
vin chaud sucré flanqué de deux *petites filles*
(demi-bouteilles) remplies d'eau-de-vie baptisée

« eau des morts », le tout fourni par le caba-
retier voisin, ami intéressé du morgueur.
Lorsque chacun avait bu sa rasade, on se diri-
geait vers la salle des morts où le garçon, expert
en cette matière, faisait choix d'un cadavre fortement ballonné et avec la précision d'un chi-
rurgien pratiquant les autopsies judiciaires, il
enfonçait une grosse épingle dans l'abdomen.
Par le trou de la piqûre s'échappait un jet de
gaz auquel on mettait le feu, et l'extinction des
autres lumières faisait ressortir l'éclairage par
le gaz méphytique. On ne possédait pas toujours le sujet propre à cette exhibition, on restait
souvent quinze jours avant d'avoir une semblable occasion. Les cadavres masculins étaient
choisis de préférence. Le corps d'un homme
ayant séjourné six semaines sous l'eau se trouvait dans les meilleures conditions pour la
séance ; au lieu de placer comme aux femmes
la piqûre sur le ventre, c'est sur les parties
sexuelles qu'on opérait et l'effet n'en était que
plus drôle pour les habitués. Des paris s'enga-
gaient sur le plus ou moins de durée de ces
feux d'un genre particulier ; ainsi les morts
amusaient les vivants.

La Préfecture de police mit fin à l'odieux
trafic des cheveux, des dents, et pour ne plus

exposer les cadavres aux profanations, interdit l'entrée spéciale de la Morgue aux personnes étrangères à son fonctionnement.

Poussant plus loin *les réformes*, elle défendit aux garçons de la Morgue de fabriquer eux-mêmes les cercueils qu'ils vendaient aux indigents, et comme l'Etat ne leur allouait que la somme de deux francs, pour l'inhumation des inconnus, les cadavres avaient pour enveloppe une toile d'emballage que l'on ficelait, puis on les jetait pêle-mêle dans une voiture à bras requise au hasard et, la nuit, le morgueur, d'après son mot, les « roulait » au cimetière. On recouvrait la voiture de paille comme s'il s'agissait d'un cheval mort sur la voie publique et enlevé par l'équarrisseur. Maintenant un service gratuit a lieu pour les cadavres reconnus ou non et le corbillard des pompes funèbres les transporte au cimetière de Bagneux.

Les employés de la Morgue vendaient indûment les effets, les objets trouvés sur les cadavres, et ces dépouilles allaient chez les brocanteurs sans être complètement désinfectées. Les microbes étaient alors inconnus, mais le choléra faisait des ravages. Ce commerce dangereux n'existe plus.

Les vêtements sont brûlés.

L'autorité supérieure transforma le mode des primes de repêchage ; jadis les sommes allouées pour les gens tombés à l'eau étaient ainsi fixées: personne retirée vivante, 15 fr., morte, 25 fr., aussi les ravageurs de rivières se livraient à une monstrueuse spéculation: au lieu de secourir les personnes en détresse ils les aidaient à mourir afin de toucher la plus forte prime. Ces abus barbares ne cessèrent que le jour où la somme de 25 fr. fut donnée au repêchage d'un vivant, et celle de 15 fr. au repêchage d'un mort.

Cette même énormité, sortie de la cervelle d'un bureaucrate, existait pour l'inhumation des corps ; moins les garçons morgueurs reconnaissaient de cadavres, plus ils avaient de bénéfices. Le greffier actuel, en 1881, fit changer ce mode de répartition et son personnel actif est encouragé à fournir les indices qu'ils peuvent retrouver sur les corps après les enquêtes des commissaires de police. Les morts violentes, sans cause connue, deviennent des exceptions.

L'exhibition repoussante de cadavres nus, aux ventres ballonnés, aux chairs meurtries, aux teintes jaunes, bleues, verdâtres qui excitaient le dégoût, est supprimée. En laissant aux morts leurs vêtements, leurs coiffures, on a maintenu en eux l'apparence de la vie et rendu les reconnaissances plus faciles, et par conséquent plus nombreuses. De la sorte les intérêts des familles sont mieux sauvegardés, la morale publique et la décence y gagnent, tout en observant le respect dû à des malheureux qui passent de cette triste et dernière demeure dans l'éternel oubli.

Avant 1840, les deux tiers des corps n'étaient pas reconnus, aujourd'hui très peu sont enterrés comme inconnus, et même parmi les inhumés quelques-uns sont l'objet de reconnaissances à l'aide des photographies collées sur les registres et par la représentation des vêtements assainis et conservés. Les registres, sortes d'albums photographiques, contiennent de précieux renseignements et chaque sexe a son livre de déclaration ; les dimanches et les jours de fêtes le greffe reste ouvert aux personnes qui ne peuvent cesser leur travail pendant le cours de la semaine et qui ont intérêt à consulter ces funèbres archives.

L'unique employé morgueur de 1802 a fait place, quatre-vingts ans plus tard, à un personnel savant, intelligent et d'une honorabilité irréprochable.

Le greffier, M. Pierre Clovis, et son commis M. Gaud, sont des fonctionnaires consciencieux, capables, qui se livrent, avec tact et habileté, à un travail de bénédictins pour obtenir les renseignements indispensables à la reconnaissance des cadavres, car souvent, les personnes en mesure de fournir des indications ont intérêt à se taire.

Les progrès à réaliser sont encore très grands et, pour y parvenir, on sera obligé de déplacer encore une fois la Morgue, attendu que son sol est miné par les eaux de la Seine dont le courant vient se briser au pied de son chemin de ronde.

A un point de vue général, M. Brouardel, l'éminent et si modeste professeur de médecine légale, chargé de faire à la Morgue les conférences aux étudiants, aux avocats, aux magistrats, adressa, le 22 août 1882, à M. Camescasse un rapport remarquable de lucidité pour réclamer des réformes urgentes et multiples. Les conclusions du célèbre praticien furent trouvées excellentes; mais elles sont restées jusqu'ici à l'état de lettre morte, et l'établissement manque encore d'objets de première nécessité, de ceux même dont le prix est minime.

En voici un exemple :

Le 5 mars 1885, la Cour d'assises jugeait le sodomite Mielle, accusé d'avoir dépecé son ami, le marchand de volaille Lebon.

M⁰ Léon, son défenseur, contestait devant la Cour l'identité du cadavre dont les morceaux, jetés dans la Seine, avaient été reconnus à la Morgue pour être ceux de la victime.

Pendant que le docteur Brouardel déposait au sujet du dépeçage du corps, le dialogue suivant s'établit :

L'AVOCAT. — Le témoin a-t-il mesuré le cadavre?

LE TÉMOIN. — Oui ; il mesurait 1 mètre 65 centimètres.

M⁰ LÉON. — Et pesé?

M. BROUARDEL. — Non.

M⁰ LÉON. — Le docteur a-t-il à la Morgue les instruments nécessaires pour peser les cadavres?

M. BROUARDEL. — Non ; je les ai réclamés depuis longtemps.

M⁰ LÉON. — Et moi aussi.

M. BROUARDEL. — Je me prévaudrai de votre appui pour renouveler ma réclamation.

Ainsi, un médecin légiste ne peut obtenir pour le laboratoire (1), où se pratiquent les au-

---

(1) Septembre 1889. — Le laboratoire d'anatomie pathologique de la Morgue a pour chef M. le docteur Vibert. Trois cents autopsies y sont annuellement pratiquées.

topsies, une bascule que l'on trouve chez le premier marchand de vieux chiffons.

Quelle garantie cela donne-t-il à l'impartiale justice (1)?

La Morgue évoque toujours le souvenir d'un malheur, et les vices, la misère, la folie, le suicide, le crime forment sa clientèle ; aussi inspire-t-elle un sentiment de répulsion, malgré sa nouvelle transformation qui lui a retiré son ancien caractère, sombre, infect, mystérieux.

La submersion est la plus grande pourvoyeuse et les mois pendant lesquels elle reçoit le plus de noyés sont : avril, mai, juin et juillet.

Dans l'existence, l'imprévu jouant le plus grand rôle, personne ne peut affirmer qu'il ne franchira pas un jour le seuil de la Morgue.

Les victimes des catastrophes arrivées sur les lignes de chemins de fer, le 3 février 1880, à Clichy-Levallois; le 5 septembre 1881, à Charenton, y ont fait pénétrer bien des gens venus de loin et qui ne connaissaient pas Paris.

Que de célébrités, en tous genres, mortes subitement sur la voie publique, dans une voi-

_____

(1) Décembre 1889. — La Morgue est pourvue d'une bascule.

ture, ou à l'intérieur des établissements ouverts aux consommateurs, ont dû subir les pénibles formalités de l'autopsie !

Au mois d'avril 1880, la tragédienne miss Neilson, âgée de 22 ans, y a été transportée. Des bruits d'empoisonnement circulaient sur cette étrangère, mariée et morte subitement en buvant une tasse de lait froid au chalet du bois de Boulogne. L'autopsie, pratiquée par les soins des docteurs Brouardel et Descoust, fit découvrir les causes réelles de ce rapide décès, et comme toute présomption de crime devait être écartée, personne n'avait dès lors le droit de scruter la vie privée de l'artiste pour y chercher les causes de sa mort.

Le 18 avril 1882, des ouvriers peintres blanchissaient le plafond de la salle d'exposition des cadavres. En chantant, selon l'habitude, pendant leur travail, un badigeonneur se pencha sur son échelle, il perdit l'équilibre, tomba et se fendit le crâne sur les dalles. La mort fut instantanée. Embauché le jour même, les peintres ne le connaissaient pas ; on dut le garder à la Morgue et l'exposer. Ce malheureux, entré là le matin comme ouvrier, y restait le soir comme pensionnaire.

Des instructions sont données aux magistrats

de l'ordre judiciaire dans le but d'éviter autant que possible le transport de cadavres à la Morgue ; mais il en est d'inévitables, par exemple celui de M. Puyferrat, ancien préfet de la Haute-Vienne, dont la fin mystérieuse et des bruits contradictoires, mis en avant par la presse, ont nécessité, en avril 1880, c'est-à-dire un mois après sa mort, l'exhumation.

Le 16 avril 1885, la justice fut mise dans l'obligation d'y envoyer le cadavre de Mᵐᵉ Cornet, assassinée chez elle par Marchandon. Ce domestique, avant ses aveux tardifs, parlait de complices et d'actes de nature essentiellement délicate. Une seule personne d'origine étrangère, inconnue de la famille de la victime, protesta dans une lettre rendue publique au sujet de la translation à la Morgue du corps de Mᵐᵉ Cornet. L'occasion se présentait pour cet étranger — les étrangers ont toutes les audaces — de satisfaire sa rancune personnelle et de placer adroitement une réclame commerciale.

Le juge d'instruction visé était précisément celui qui, dans un livre venant de paraître, avait demandé que certaines autopsies fussent faites à domicile, ou bien la création d'une salle spéciale dont le nom serait moins répugnant que celui de la Morgue. Afin de mettre ses écrits d'accord avec ses actes, M. Guillot, le 10 août 1883, évita le transport à la Morgue du cadavre de M. Ducros de Sixt, assassiné par le soi-disant Campi. Ce misérable, surpris, n'a pu nier son crime ; il était seul pour l'accomplir, et l'instrument, la masse de casseur de pierre, dont il avait fait usage, se trouvait là, tachée de sang. L'arme saisie, le criminel arrêté, les aveux reçus, aucun soupçon n'était possible au point de vue des mœurs, l'autopsie devenait inutile. M. Guillot le comprit et passa outre.

Le 29 janvier 1890, le corps de Mme Pierre Larousse fut transporté à la Morgue et soumis à l'autopsie. Son brusque décès au château de Dugny, près le Bourget (Seine), donna naissance à des propos si graves qu'ils nécessitèrent l'intervention de la justice. On reconnut que la défunte avait succombé à une affection naturelle.

Déjà le 12 juillet 1876, M. Ferdinant Duval, Préfet de la Seine, avait, à propos de personnes mortes subitement sur la voie publique et logées en garnis, adressé une circulaire aux maires de Paris (1).

(1) Il s'est, à plusieurs reprises, élevé des difficultés entre certaines mairies à propos de l'inhumation de personnes qui, frappées de mort subite sur la voie publique et n'ayant d'autre domicile que le garni où elles logeaient, avaient été

Les victimes de nos guerres civiles de 1830, 1848, 1851, 1871 furent déposées à la Morgue, et c'est au milieu d'un monceau de cadavres revêtus du costume de citoyen-soldat, que j'ai cherché et trouvé le peintre Henri Regnault.

Ces martyrs de la bataille de Buzenval avaient les yeux ouverts et semblaient étonnés d'être en pareil endroit.

C'est au cimetière du Père-Lachaise que, sur l'ordre de M. Cresson, je les fis transporter à l'aide d'un fourgon des pompes funèbres.

transportées à la Morgue par suite du refus du propriétaire du garni de recevoir le corps. Il importait de prendre des mesures pour prévenir le retour de ces difficultés, et je me suis concerté à cet égard avec M. le Procureur de la République. Nous avons reconnu d'abord qu'il est inutile, toutes les fois qu'il ne s'agit pas d'une mort violente de nature à déterminer l'intervention de la justice, de transporter à la Morgue les corps dont l'identité a pu être constatée. Il est au contraire convenable que le corps de toute personne, soudainement frappée, soit ramené au domicile qu'elle avait choisi, quelque passager qu'ait été son séjour. On ne doit donc recourir au transport à la Morgue qu'au cas de réelle nécessité. M. le Procureur de la République a pensé avec moi qu'il y avait lieu d'inviter les commissaires de police à prêter leur concours pour obtenir la réintégration des corps à domicile en cas de refus de la part des logeurs.

Je suis persuadé, Monsieur le Maire, que cette solution de la question aura pour effet de mettre fin aux conflits, toujours regrettables, qui se sont élevés entre plusieurs mairies et donnera en même temps pleine satisfaction aux familles.

Je vous prie de vouloir bien m'accuser réception de la présente.

Comme beaucoup d'autres établissements municipaux, la Morgue a reçu les atteintes de l'invasion étrangère et de la guerre civile.

Pendant le siège un obus prussien a perforé le toit du bâtiment et n'a produit dans la salle de séchage que des dégâts matériels.

Le 24 mai 1871, à deux heures de l'après-midi, alors qu'il y avait dans la salle d'exposition deux cents cadavres de fédérés, un autre obus lancé des hauteurs du Père-Lachaise traversa la toiture et éclata sur cette montagne de cadavres en projetant des lambeaux de chair et de cervelle contre les murs et le plafond.

La Morgue, où tout est gratuit, l'entrée des morts comme celle des vivants, a ses habitués. On y va en passant, par distraction; on s'y bouscule aussi lorsque la foule avide d'émotion, de curiosité, veut voir à son aise la victime d'un meurtre, sans état civil connu.

Le gardien-chef, obligé parfois de faire évacuer la salle d'exposition, tirait préalablement le rideau, et le public déçu l'injuriait, le menaçait du poing, parce qu'il se permettait de lui supprimer son spectacle sans l'avertir.

Ce rideau n'existe plus depuis l'installation de l'appareil frigorifique, et cette installation a donné naissance à un mot nouveau, car l'argot

ne perd jamais ses droits. Dans le langage ha-
bituel des malfaiteurs, on ne dit plus *réfroidir*
(tuer), mais « envoyer dans la boîte à glace ».

On pourrait écrire un volume d'anecdotes relatives à la Morgue. Les anciens employés du
funèbre monument connaissent l'histoire d'une
« bague alliance », qui, transmise par succession de famille, revint plusieurs fois à la
Morgue aux doigts des héritières auxquelles
elle était échue. Cette alliance avait sa légende :
quiconque la portait périssait d'une manière
funeste ; on l'avait surnommée *la bague fatale*.

Les funestes effets de ce bijou de famille
pourraient être mis en parallèle avec les instruments dont nous avons parlé et que le hasard destine à la perpétration successive des
crimes.

Le personnel actuel de la Morgue peut se
souvenir de l'histoire d'un jeune ménage qui,
chaque matin, à la même heure, entrait dans la
salle d'exposition des cadavres. Cela durait depuis deux ans, quand la femme disparut. Le
mari continua ses visites jusqu'au jour où il vit
son épouse couchée sur l'une des dalles. Pour
se rendre méconnaissable elle avait, avant de
se jeter dans la Seine, coupé ses cheveux et en-
dossé des vêtements qui n'étaient pas les siens ;

mais une brûlure de la main droite certifia son identité.

Parmi les papiers trouvés sur certains cadavres, il en existe d'obscènes, de mystiques, et de si étranges qu'ils étonnent l'observateur. « Je vais chercher l'inconnu » écrivent les uns, « je quitte le connu » écrivent les autres, et dix sur cent demandent à être incinérés.

Dans la poche d'un noyé il y avait ces lignes tracées au crayon sur son livret : « Connaissant les misères de la terre, je tiens à connaître le ciel ».

Voici, à titre de spécimen, deux lettres dont je respecte scrupuleusement l'orthographe.

La première a été écrite par un vieillard qui s'est suicidé, avec une arme à feu, dans une maison de secours.

« Paris, le 2 avril 1880.

» Je suis logé à Paris rue Sainte-Caterine. Je ne doi rien à personne, je laisse deux mal et deux cajes que l'on délivrerat à M. C..., qui y est logé autel du Sude, à la Bastille. Je voulais lui dire un dernier adieu, mais je suit malade et je ne peut pas entré à lopital. C'est ce qui me fai prandre sette déterminassion. M. C... a ressu mon livre et mes deux portrès. Si M. C... a quité Paris le comisaire de poliso prandra

soint de me présieux livre. Il y en a un dans
mes deux mal et encore des objé de valeur. Je
suis un maleureu qui a 75 ans et qui fais du
bien à tous le monde.

» A. G... »

La deuxième lettre se trouvait dans la poche
d'un sieur R..., Louis, âgé de 30 ans, re-
pêché dans le fleuve le 29 janvier 1882 :

« A tout le monde.

» Je me nomme R..., je suis natif de Lyon.
Je me donne volontairement la mort. Ma mère
habite rue... Je n'ai jamais fait de mal à personne. Je pardonne tout celui qu'on m'a fait.
Je recommande à tous les cœurs Mme veuve
M... et ses trois enfants, avenue... J'ai fait la
noce jusqu'à la dernière heure. Comme on ne
trouvera pas de bijoux sur moi, on pourrait
penser que c'est un crime. Ce n'est pas vrai.
Je me suis fait le plus coquet possible. J'ai
même frisé mes cheveux avant d'aller prendre
le grand bain.

» Pour la réclame, j'enfonce toutes les puis-
sances au nom de mon pays. Jamais l'on aura
vu un individu se tuer pour faire réussir son
produit. Je suis l'inventeur de..., et je puis
être reconnu par tout le monde à Paris. Je

restais en logement rue..., avant de choisir celui où vous venez de me trouver. Au moment de mourir, il me vient une idée : c'est que les Français auront enfoncé les Américains, puisque l'inventeur et le propriétaire de mon produit se tue pour que les journaux parlent de lui et fassent à X.... une réclame à toute éreinte...

» L. R... »

Quelques romanciers faisant pénétrer leurs lecteurs dans l'intérieur de la Morgue, leur ont montré pour le personnel des appartements confortables, pourvus d'un piano ; c'est de la pure fantaisie. Si jamais des instruments de musique ont élu domicile dans ce bâtiment, ils n'ont fait qu'y accompagner leurs propriétaires, joueurs de flûte, d'accordéon ou de clarinette, pauvres mendiants ambulants, morts de misère au coin d'une borne.

Terminons cette physionomie de la Morgue en montrant la progression, par période décennale, du nombre de cadavres reçus à la Morgue de 1830 à 1880 :

1830 à 1839...	325	1860 à 1869...	650
1840 à 1849...	375	1870 à 1879...	675
1850 à 1859...	425		

En 1880 il entre 800 cadavres.

En 1881.... 900	En 1886.... 932
En 1882.... 879	En 1887.... 928
En 1883.... 944	En 1888.... 911
En 1884.... 924	Et en 1889.... 906
En 1885.... 858	

Quel sombre tableau et quelle suite graduée rapide, depuis soixante ans !...

La population de Paris augmente chaque année dans de notables proportions, mais les suicides, les crimes se sont multipliés dans des conditions autrement importantes et réellement inquiétantes pour l'avenir.

La Morgue devient un lieu de procession de morts plus ou moins anonymes, suite et conséquence des désordres moraux qui envahissent tant de cervelles.

Quittons ce refuge d'épaves humaines où nous serons obligés de revenir quelques instants aussitôt après l'exhibition des enfants, des souteneurs, des filles et des célébrités du crime.

Les enfants groupés sur la planche 16, représentent les types accomplis de jeunes scélérats, originaires de Paris ; quatre sont nés de parents français, les autres ont des pères et mères Allemands, Italiens, Belges et Polonais.

Ces enfants arrêtés, non pas à la suite de

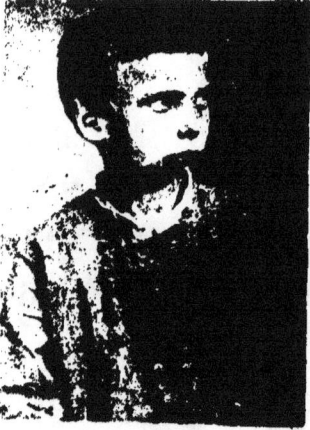

9 ans.

9 ans.

9 ans.

10 ans.

11 ans.

12 ans.

13 ans.

14 ans.

.15 ans.

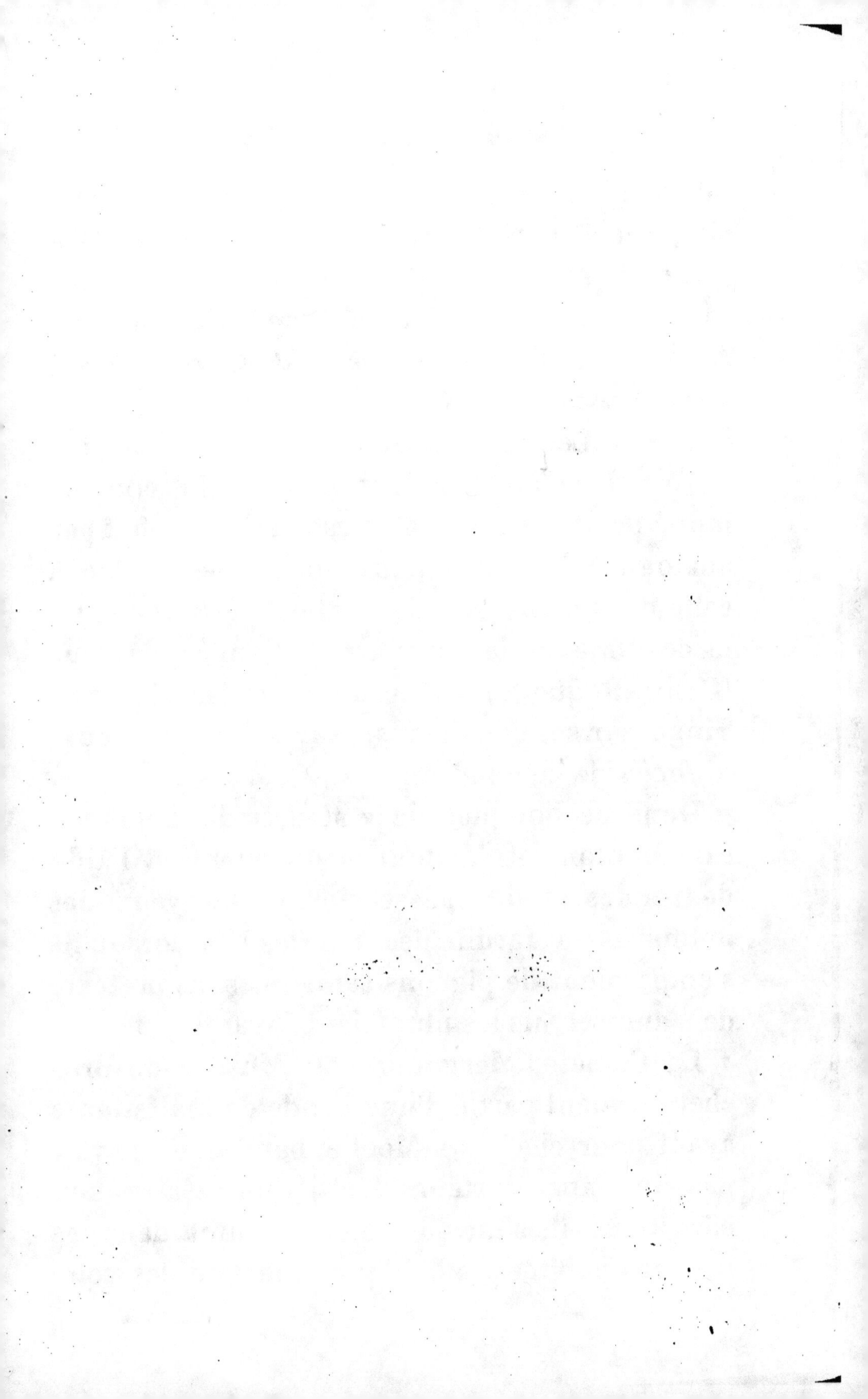

râfles, ni pour vagabondage, ni pour mendicité, mais bien à cause d'actes réfléchis, d'un caractère spécial, et commis individuellement, sont surnommés : *File-Menton, La Comète, Margoulin, Bec-de-Lampe, Maltourné, Tête-d'Or, Museau-de-Brochet, La Savate* et *Moule-à-Singe*. Les trois premiers n'ont que 9 ans.

Tête-d'Or doit son sobriquet à la couleur jaune de ses cheveux et Museau-de-Brochet par analogie à la forme de sa bouche semblable à celle de ce poisson. Ils portent tous les deux le costume de la maison des jeunes détenus (Petite-Roquette). Le dernier, baptisé Moule-à-Singe par ses camarades, aurait, d'après eux, le *facies* de ce quadrumane.

Dans ce bouquet de « fleurs d'échafaud » File-Menton et Maltourné crevaient, à l'aide de frondes et de chasse-pierres, les yeux des animaux du Jardin des Plantes, et lorsqu'ils s'emparaient de pigeons ramiers, sous prétexte de s'amuser, ils les plumaient vivants.

La Comète, Margoulin et Museau-de-Brochet faisaient partie d'une bande de malfaiteurs ayant pour chef Os-à-Moelle, bandit qui n'avait pas vingt ans. Porteurs d'outils nécessaires aux effractions, ils s'introduisaient la nuit dans les maisons habitées, afin d'y commettre des vols.

11.

Surpris par une femme, Museau-de-Brochet n'hésita pas à lui porter un violent coup de marteau sur le visage.

Tête-d'Or, avec sa remarquable construction frontale, a une intelligence exceptionnelle, toute concentrée vers le mal. Il pratiquait le vol dit : « à la tire », et c'est les mains dans les poches de son paletot qu'il dévalisait ses victimes. Ce vêtement, au lieu de poches, n'en possédait que les ouvertures extérieures et le jeune gredin, par son attitude inoffensive, n'éveillait aucun soupçon. Cependant, aux stations des omnibus il enlevait, avec habileté, les montres et les porte-monnaie des voyageurs. Tête-d'Or dissimulait ses mains sous les pans de son paletot pour mieux les introduire dans de véritables poches. Conduit en extraction, sous la surveillance de jeunes agents, il parvint à échanger, chez un marchand de chapeaux sa coiffure, afin de ne pas être reconnu. Dans son lit j'ai saisi la « Vie de Cartouche », les « Exploits de Mandrin », les « Anecdotes relatives aux brigands célèbres » et la « Clé des Songes », brochures soustraites aux étalages des bouquinistes.

Condamné à un an de prison, il s'écria : « Un an, ça ne fait que douze mois, la Petite Roquette n'est pas faite pour les chiens. » Et d'un bond prodigieux, franchissant la balustrade qui enferme les détenus, il disparut de la salle des audiences de la Police correctionnelle. Arrêté cour de la Sainte-Chapelle, on fut obligé de l'attacher, et voulant se défaire de ses liens il les usa par des frottements continus sur l'arête d'un mur.

La Savate et Bec-de-Lampe avaient résolu de s'approprier l'argent du tiroir-caisse de l'épicier, principal locataire de la maison habitée par l'un d'eux. La cave de ce commerçant sise sous la boutique s'ouvrait au moyen d'une trappe. A la tombée du jour ils se glissèrent dans la cave et attendirent l'instant favorable pour l'exécution du projet qu'une circonstance imprévue déjoua. L'épicier ayant reçu des caisses d'oranges les fit provisoirement mettre sur la trappe, de telle sorte que les petits vauriens furent pris dans leur propre piège. Le lendemain matin le propriétaire les trouva blottis derrière des tonneaux et ramassa sur le sol plusieurs fausses clés et deux pinces dites monseigneur. Interrogés par le commissaire de police, Bec-de-Lampe raconta les vols auxquels il avait participé, vols prémédités par La Savate, dont il reconnaissait le flair et la connaissance des bons endroits. La Savate, pour toute

réponse, lança une giffle à son complice en lui
disant : « Bec-de-Lampe, tu manges le morceau, je gèlerai ton conduit. »

Moule-à-Singe a la peau noire, les traits ac-
centués, les yeux durs, perçants, l'un à demi
fermé, l'autre ouvert, l'oreille attentive ; l'ensemble de la physionomie canaille a l'expression
féroce. Il n'a pas eu le temps de vieillir dans le
crime pour l'enseigner à ses compagnons, et
parmi ces jeunes fauves le louveteau est devenu
loup. Le monstre a, par jalousie, dit-il, noyé
une fillette de treize ans, assez jolie, déjà for-
mée, et que d'insoucieux parents laissaient va-
gabonder. Loin de se repentir de l'atrocité de
son acte, il répondit à ses juges : « La gosse ne
voulait pas de moi, je l'ai poussée à l'eau ».

Au point de vue physique, ces types sont absolument dissemblables ; mais en les examinant
avec soin il est facile de lire sur leurs visages,
qu'au point de vue moral, les idées, les sentiments bas et communs sont identiques et c'est
là surtout ce qui les marque d'un même cachet.

J'ai toujours éprouvé une pénible émotion en
écoutant les plaisanteries, les bravades, les
mots d'argot, les termes obscènes, sortir de la
bouche de ces enfants pervertis, et si bien
doués que dans leur précocité criminelle ils

possèdent la connaissance du bien et du mal acquise dans le milieu où ils se meuvent.

Les perquisitions pratiquées chez les parents de ces jeunes vauriens m'ont permis de voir des intérieurs d'une immoralité repoussante. L'union libre y régnait, et cette brouille avec le Code civil, en dégradant la femme, rejaillissait sur les enfants.

Des familles ainsi constituées, indépendantes, ne reconnaissent aucune loi et luttent contre les articles du Code pénal.

Au domicile des père et mère de File-Menton et de Maltourné, j'ai trouvé les animaux tués par leurs enfants et des œufs de palmipèdes volés dans les parcs du Jardin des Plantes.

Le père de File-Menton, rempailleur de chaises, avait pour maîtresse une fleuriste travaillant au dehors, et c'est au concubinaire qu'incombait la garde des enfants.

A mon arrivée chez lui, au mois de juillet, j'ai vu le frère et la sœur, âgés de dix et onze ans, se roulant nus sur de la paille.

Le maître du logis avait pour unique vêtement un tablier n'ayant pas l'ampleur d'un jupon.

Etonné lui-même de ma surprise, ce chef de famille me répondit par cette phrase apprise au cabaret : « L'homme et la femme ayant la même origine et la même fin, je laisse à la nature le soin d'agir. »

— Et vous laissez aussi vos enfants voler ? répliquai-je.

— Dites : S'amuser.

Je fis condamner ce misérable ; et les trois enfants entrèrent dans des maisons d'apprentissage.

Après l'expiration de sa peine, l'amant reprit son court tablier, sa fleuriste, et tous deux recommencèrent la vie commune. Ils eurent même l'audace de réclamer leurs enfants pour les replonger dans le vice.

La mère de Maltourné se livrait au braconnage, et sous ses jupes passait à l'octroi le gibier en fraude. Son principal amant, hardi braconnier, faisait l'éducation de l'enfant né des œuvres d'un de ses camarades mort en prison. Ce ménage irrégulier, toujours en chasse, n'avait aucun domicile, et l'homme, la femme et l'enfant s'étendaient souvent sur le même lit. On put enfin arrêter la mère. Mise en présence de son fils, au lieu de lui adresser des reproches, elle le traita d'idiot, de maladroit, et le menaça d'une bonne correction.

— Vous n'empêchez donc point, lui dis-je,

votre enfant de maltraiter, de tuer et de voler les animaux du Jardin des Plantes ?

— Là ou ailleurs, répondit-elle, le gibier appartient à tout le monde, et je ne comprends pas les lois qui entravent la liberté de la chasse.

Le père de File-Menton et la mère de Maltourné étaient des criminels conscients, responsables, qui avaient inculqué à leurs enfants le mépris de toute morale.

Ni reconnus, ni baptisés, dressés à la mauvaise conduite et au vol, ces pauvres enfants avaient été voués, dès le berceau, à une coupable vie. L'empreinte d'exemples détestables laissée sur de jeunes cervelles s'efface difficilement, et, parmi maintes preuves tombées entre mes mains, je vais citer celle de cette petite bouquetière de dix ans que sa mère envoyait mendier.

Elle me dit :

« Papa et maman boivent de l'eau-de-vie, se disputent, se battent et s'embrassent. Je ne suis ni sourde ni aveugle ; je vois, j'entends ce qui se passe autour de moi. »

La situation de cette intelligente gamine, qui savait observer les paroles, les habitudes, les actes, la vie de ses parents, ressemble à celle

de beaucoup de ses pareilles, mal vêtues, mal
nourries, mal chaussées, peu aimées, souvent
battues, et qui préfèrent la prison à cette horrible existence de famille où le soi-disant père
ivre, grossier, crie, tape la concubine, et d'un
coup de pied envoie rouler l'enfant sur le sol,
parce qu'il pleure en voyant frapper sa mère.

La loi du 24 juillet 1889, relative à la protection des enfants maltraités ou moralement
abandonnés, punit les exploiteurs de la jeunesse et, en cas d'indignité, les père et mère
sont déchus de leurs devoirs.

Les législateurs républicains auraient dû
ajouter que l'indignité du père entraînait sa ra-
diation des listes électorales, car un dégradé
de la famille ne devrait plus avoir aucun
droit.

L'union libre, l'indifférence, la misère, sont
cause, chaque année, de l'abandon à l'Assistance publique de 4,000 enfants.

M. Thévenet, ministre de la justice, en pro-
posant d'abaisser à vingt-deux ans l'âge à partir
duquel pourraient être nommés les juges sup-
pléants, n'a pas eu la conception aussi fantai-
siste que l'on a cru au premier abord. Il est de
son époque : place aux jeunes.

Ces nouveaux magistrats, en faisant leur

stage, s'instruiront par la jeune criminalité, dont la progression constante fera bientôt, si elle continue, que l'enfant prendra la plus grande place dans les statistiques criminelles.

Sur le pavé parisien, la police ramasse annuellement de quinze à vingt mille mineurs des deux sexes, que la justice rejette le plus souvent sur la voie publique.

En 1886, plus de vingt-trois mille enfants ont été traduits devant les tribunaux français pour délits et crimes divers; en 1889 le total montait à vingt-sept mille.

Le vagabondage et la mendicité ont toujours été les plaies de notre organisation sociale, et l'Etat, qui dispose cependant des deniers publics, malgré son zèle, ses efforts, n'arrive pas à diminuer le nombre de ces mendiants et de ces vagabonds imberbes qui forment la pépinière des criminels.

M. Jules Simon, président de l'Union française, et son secrétaire, Me Rollet, s'occupent de la défense et de la tutelle des enfants en danger moral. Il est certain que les honorables membres composant cette Société accomplissent une œuvre d'assainissement. Leur but est d'arracher aux mauvais exemples de la rue la jeunesse de quatorze à dix-huit ans, se trou-

vant sans famille, sans abri, sans travail. Ils
tiennent compte du tempérament propre à
chacun des sujets, afin d'occuper ceux-ci soit
aux travaux de la terre, soit aux travaux mari-
times.

En deux années les administrateurs de cette
charitable société ont pu soustraire aux vices
du trottoir un millier de pupilles. Comprenant
que notre système pénitentiaire, au lieu de
moraliser, augmenterait la récidive et achève-
rait de développer le germe des penchants vicieux, à tout prix ils veulent éviter d'entacher
le casier judiciaire des enfants afin qu'ils n'en-
trent plus dans la vie positive avec une marque
d'infamie.

La constatation la plus pénible est celle concernant les suicides enfantins, on en jugera
par le tableau comparatif ci-après :

	1877	1887
Enfants de moins de 13 ans	33	34
— — 14 »	20	33
— — 15 »	31	52
— — 16 »	57	81
Totaux...	141	200

De 16 à 20 ans, le relevé prend des proportions navrantes. Les suicides ont doublé ; de

550 qu'ils étaient en 1877, ils arrivent en 1887 à 1.100 ; et si nous passons au nombre total des désespérés de la vie nous trouvons que le chiffre de 17.200, en 1877, monte aujourd'hui à 25.000.

En matière d'aliénation mentale, les chiffres tirés des statistiques de la Préfecture de police et publiés par M. Garnier dans les *Annales d'Hygiène,* accusent, en 1872, 3.080 fous en liberté ; en 1881, 3.778, et, en 1888, le total atteint 4.449 (2.549 hommes et 1.900 femmes.)

Dans une période de dix-sept années, la folie, à Paris, a augmenté de quarante-cinq pour cent.

Voilà où nous en sommes arrivés un siècle après la révolution, quarante ans après le suffrage universel, et vingt années après l'installation de la troisième République !

Nos ministres sont remplis de bonnes intentions, ils prononcent d'excellents discours, lancent de superbes circulaires et paraissent d'accord sur la nécessité d'introduire de sérieuses réformes ; mais qu'ont-ils fait pour enrayer la dépravation des mœurs publiques ? — Ils ont pris l'enfant et, sous prétexte de soigner son avenir, a paru la loi dite de « salut », dont s'enorgueillit M. Jules Ferry.

Chaque jour on constate les attristants résultats de la mise en pratique de cette fameuse innovation : « A bas le crucifix ! laïcisons quand même ! » disait M. Hérold, préfet de la Seine; il ne faut plus de morale religieuse à *nos enfants,* l'enseignement civique suffit pour en faire des citoyens.

Et l'on créa les bataillons scolaires qu'on n'a pas, après épreuves faites, le courage de supprimer.

Des gamins le béret penché sur la tête, boivent, fument, jouent « au soldat » avec la prétention de représenter la « jeune France ». Prenons garde que ce ridicule, inutile et coûteux apprentissage militaire, ne dégoûte l'enfant de la Caserne le jour où la Patrie aura sérieusement besoin de lui.

Auront-ils tous le courage de ce royal conscrit venant affronter deux ans de prison pour servir la France en qualité de simple soldat?

« Dieu veuille, disait M⁰ Rousse, le 12 février 1890, aux juges composant la huitième chambre du tribunal correctionnel de la Seine, qu'au jour du danger nous ayons beaucoup d'enfants comme celui - là, venant réclamer leur place dans nos armées. »

L'instruction telle qu'on la donne, avec ses tendances matérialistes, dépourvue de tout enseignement religieux, n'a aucune action préservatrice, ne produit aucun des bons fruits qu'on espérait d'elle. L'enfant ainsi préparé devance l'époque de son émancipation naturelle, ne reconnaît ni Dieu ni maître : le bourreau seul en a raison.

Des instituteurs pour se faire une notoriété conduisent les enfants des écoles communales aux enterrements civils, et l'un d'eux a poussé l'inconvenance jusqu'à délivrer à ses élèves des billets de « satisfaction » ainsi libellés : « Accordé à l'élève X... pour assistance à l'enterrement civil d'hier. »

Rien n'est délicat comme le cœur et le cerveau des enfants. Eh bien ! le dimanche 25 août, à l'école laïque enfantine de Champigny, commune où je réside, en présence de 125 élèves des deux sexes, un émule du père Duchesne a terminé son discours anti religieux par les paroles suivantes : « Puisque la révolution veut des citoyens et des citoyennes libres, vous nous aiderez, chers enfants, à f..... le bon Dieu à la porte ».

M. Baulard, conseiller général, devenu député de la Seine, présidait cette édifiante distribution de prix.

Enlever aux enfants l'idée de Dieu; le mal est là. Et l'on s'obstine à ne pas le reconnaître !

Laissons donc la croyance aux pauvres, aux
petits, aux déshérités. C'est un bien contestable,
dira-t-on. Qu'importe ! c'en est un pour ceux
qui n'en ont point d'autres. Il retient les indécis sur la pente du mal, pousse les faibles aux
grandes actions et encourage à supporter les
douleurs qui ne sont ménagées à personne.

Autour de ces enfants, voleurs à dix ans,
crocheteurs de serrures à douze, assassins à
quinze, gravite l'apprenti souteneur. Privé de
surveillance, accoutumé à courir les rues, il
contracte de bonne heure des habitudes de
fainéantise. Sur la voie publique, il apprend
à pratiquer le vagabondage, la mendicité, la
filouterie ; il tutoie les passants, parle argot et
se perfectionne dans la science du mal. A l'âge
de la puberté, il tient les jeux de hasard ; et le
soir, pour rendre service aux filles, il les pré-
vient de la présence des agents, c'est ainsi qu'il
attend l'époque où sa force physique lui per-
mettra de s'adonner aux attaques nocturnes de
complicité avec les racoleuses.

Dans ma collection « d'objets criminels »
figure un médaillon volé par un enfant de
treize ans. Cet adolescent envoya ce bijou à la
fille qu'il voulait protéger et la lettre explica-
tive accompagnant l'envoi était signée : « Bro-

chet à la mie de pain » (jeune souteneur).

A Paris, les souteneurs pullulent et les catégories en sont aussi nombreuses que les variétés de femmes se livrant à la prostitution.

Souteneurs du grand et du demi-monde, souteneurs de filles de théâtre, de café, de brasserie, de trottoir, de la maison de tolérance se valent, peuvent se tendre la main et se traiter de « confrères ». Ils ont chacun leur tare et sous n'importe quel costume, qu'ils soient aimés ou qu'ils s'imposent, qu'ils frappent ou qu'ils caressent, ils exploitent constamment la corruption de la femme.

Parmi les souteneurs formant la planche 17, quatre sont à Nouméa; trois, nés hors de France, furent, avec leur famille, expulsés du territoire, et deux sont morts. L'un est mort à l'hôpital, rongé par la phthisie, et il connaissait le chemin menant à la prison. Il entrait en cellule comme dans sa chambre garnie. Après avoir examiné la literie, soulevé le bidon, goûté l'eau, tiré la poignée de bois servant de sonnette d'appel, fait jouer l'orifice du siège d'aisances et manœuvrer la planchette destinée à recevoir les vivres, il disait au gardien : « C'est bien, mon garçon, tu peux te retirer, et lorsqu'il se présentera une cellule vacante au rez-de-chaussée, avertis-moi, car je me fatigue en montant les escaliers de Mazas. »

La fin tragique de l'autre souteneur n'est pas absolument banale et offre un trait de mœurs assez pittoresque.

La scène eut lieu le 16 janvier 1879, dans une chambre de la maison sise rue du Maine, n 18. Cinq souteneurs étaient réunis autour d'une table; ils venaient de procéder à l'examen d'un sixième, nommé Doibel, dont le portrait de profil figure au bas de la planche 17.

Etendue sur le lit, la fille Rosa écoutait son amant Nucor, qui terminait la lecture d'une composition rédigée par Doibel, et qui mérite d'être reproduite pour montrer un échantillon de l'argot de cette classe dangereuse de souteneurs assassins.

Voici cette pièce en regard de laquelle je crois utile de mettre la traduction :

ARGOTAGE POUR UN CASSEMENT AVEC BUTTAGE	CONVERSATION AU SUJET D'UN VOL AVEC ASSASSINAT
Jaclage dans une case de linguesé amingo pour fabriquer un pégrage et un réfroidissement :	*Dialogue dans une chambre entre cinq amis disposés à commettre un assassinat suivi de vol.*
Escourder fiasse, vous me martelé au sujet de la casbal que j'ai filé. Voici le	Ecoutez, frères, vous me tourmentez au sujet de la maison que j'ai examinée.

flambeau la case en guesse,
est en sorte des grillages et
c'est cottelard, il y a laté-
guèmes condoleuses à din-
gué et le leuvième à faire
suer, c'est très compliqué
mais avec du raisin friot
sa peut se fabriquer. Jacte
la fouine puisque c'est la
sorbonne qui a jeté du file
et casse nous le flanche en-
traver ce qu'il lanfème, la
rigolotte, les encoinstats,
le jeu des carreaux, les mè-
cheuses et le chandelier,
puis vos brutales, le total
solidot, puis **leundré** pour
lafégème, coitré pour frisé
le flanche et faire suer le
viogue, après nous gaffe-
rons, est-ce entravé? Ce
louivème, et bien fesont
paire et grinte de vannots
le cour de la conductrisse.
Rappliqué à la conduite, la
Fouine prend la jactance,
escourdé vos orguisses l'Af-
freu, et Bel-Œil, plancardé
vous à l'encoinsto de la
2 bout et lounèmes loitré,
cavalons à la case lindico, 1
lidre et 9 crocp, rappliqué
il allume et ne gaftant que
Meule, il se jàcte, la fouine
figue moi la rigolle, que ja

Voici l'affaire :

Elle est située en dehors
des barrières, il y a quatre
portes à ouvrir et un vieux
à tuer. Ce n'est pas facile à
exécuter, cependant avec
du sang-froid on peut le
tenter.

La Fouine encore mieux
que moi connait le terrain
et c'est lui qui nous gui-
dera.

— Ecoutez-moi, s'écria la
Fouine :

Il nous faut pour opérer,
la pince, les coins, le jeu
de fausses-clés, les mèches,
le vilebrequin et nos couteaux, le tout solide.

Deux feront le guet et les
trois autres voleront les objets après avoir tué le vieux.
Est-ce compris? Eh bien
allons-y vivement, et pas
de mauvaises paroles en
chemin.

La Fouine fit cacher l'Af-
freu et Bel-Œil aux extrémités de la rue dans la-
quelle se trouvait l'habita-
tion, puis il franchit l'entrée du n° 19, suivi par ses
complices. Ne voyant rien
d'insolite il demanda la
pince à Bras-d'Acier pour

fasse dinguer la gonde à doublure, lagot c'est Vut, il rentiche et avec les carreaux il baille les leundré qui reste puis arrive à la troisième, Sans peur dit sa cavale comme sur des roules git, à présent le lingue en pogne, nous allons ballancé la dernière gonde et le vioque peut ouvrir les mires et nous frimer, donc attention, le plume est du côté du frappant, la gondole en dedans, cavaler sur le viogue, figué lui un coup dans le timpant et un dans la plaque tournante, qu'il n'est pas le temps de chanter au charpentier. Gigot la Fouine, cher franco : il fait dinguer la lourde. C'est jouer. Illicot les leundré font la cavalle sur le vioguard qui entrebaillait la gargue pour chanter mais ce fut margue leundré longuème le dinguère sur le plume, le timpant persé suait toute sa raisine et la plaque tournante perdait le vent par une double ouvertures. Est-ce turbiné la Fouine, Gigot mais magnon et retamons Vivaresse, dit faire sauter la porte à deux battants. Ce travail terminé il pénétra dans le local. A l'aide de fausses-clés il pratiqua les autres ouvertures mais au moment de fracturer la dernière porte, Sans-Peur lui dit :

— Ça va comme sur des roulettes.

— Oui, répondit la Fouine, et sortez les couteaux car le vieux pourrait nous entendre et ouvrir les yeux. Attention. Le lit est à gauche, courez vite et frappez-lui au cœur afin qu'il n'ait pas le temps de crier au voleur.

— Oui, répondirent les deux malfaiteurs, nous irons franchement.

La Fouine fit céder la dernière porte et les assassins sautèrent sur le vieux qui ne put articuler aucun son.

Sans-Peur et Bras-d'Acier lui traversèrent le cœur avec les lames de leurs poignards.

— Est-ce travaillé ? dit Sans-Peur à la Fouine, et montrant les deux trous faits à la victime, il ajouta :

donc la Fouine exile dans ces faffes, mon orgue, j'y entrave que Meulard ta frime s'y noble laisse sa bé, c'est des loubes à nous faire friser et sa ne cavalle que d'un poissé rien que bibles, jonc, platres, briotots et puis les frappés et les dessins bleues, le restant laissé béard. C'est vu tout est secoué et bien fesont la jaja, ils rejoignent leurs aminches. — Dit donc la Fouine c'est duns le sac; Gigot, mais escourdé leudré vont figué par la grillé des rouges et loitré par la grillé des chatouilleux, puis la rende à 11 tours à la case de Bel-OEil, gy, et bien pairont vite à 11 tours ils sont réunis, illicot, ils exilent les flambeaux sur les 4 pattes, bien fabrignont le ialmuchage. Il empile 32 sacs sans jactage des loubes au moins pour 3 ou 4 sacs, il y a chaque bobine 6 sacs et 4 pilles entrair pour gourer la renoblance. Ton orgue Sans-Peur, et toi Bras-d'Acier, il faut flambarèse vos fringots car il y a de la raisine après et

« Le cœur perd son sang et la tête sa mémoire.»

— Oui, répondit la Fouine, c'est bien, il s'agit maintenant d'aller vite et surtout de ne pas prendre les papiers susceptibles de nous faire arrêter. A nous les bijoux, l'argent, les diamants, la monnaie, les billets de banque.

— Tout est pris, dit Sans-Peur.

— Filons, répondit la Fouine. Deux de nous vont passer par la porte de Montrouge, les trois autres par la porte de Châtillon, et nous nous retrouverons à onze heures dans la chambre de Bel-OEil.

A l'endroit convenu, à l'heure dite, les cinq gredins réunis se partagèrent le produit du vol. Sur la table ils comptèrent trente-deux mille francs et ils estimèrent que la vente des bijoux irait de trois à quatre mille francs.

La Fouine dit à Sans-Peur et à Bras-d'Acier : « Vous avez du sang sur vos effets, brûlez-les car si vous étiez pris le bourreau se charge-

si vous étiez pinglé sa serait Casse-Bras qui vous rafraîchirais les tiffots, ta rognon la Fouine , c'est vut, bien cavallons, chaustiguer les loubes chez monsieur Carre, tiens vieux fiasse et combien de fric en total 5 sacs et 2 pille figue le fricandeau chaque bouillot 1 sac, les 2 piles, c'est pour carmoter les fringots qui sont à la flamberge, à présent chaque tournique à parto, nous ne nous noblons plus et ne placé que gninte à vos lards, ni à persiffand car c'est nos plaque tournantes que nous guimperions sur la sérieuse, vous avez entravé, Gigot et bien une pogne de grappin et à la revoyance, si il y a du frisage nous ne nous noblons pas.

rait de vous couper les cheveux.

Quant aux bijoux nous allons les changer.

— Tiens, vieux frère, dit la Fouine au recéleur, combien offres-tu des bijoux?

— Cinq mille deux cents francs, répondit le marchand.

— C'est entendu, verse la somme.

Il y a encore pour chacun de nous mille francs, le surplus servira pour le remplacement des effets anéantis. Maintenant ne dites rien à vos femmes, ni à personne, ce serait notre tête qu'on irait voir embrasser la Guillotine. Une poignée de mains et au revoir. Si l'un de nous était par hasard arrêté, il ne doit pas connaître les autres.

La lecture achevée, Nucor dit à Doibel : « Ton babillard est gerbé (jugé) et tu feras vigoter (vivre) les poteaux (amis) en amenant la lansquine (eau) au tourniquet (moulin) par le raisiné (sang); mais avant ton rentichage (admission) avec les nouzailles (nous) escourge (écoute) encore : « Tu connais Rosa, c'est elle qui veut, malgré mon orgue (moi), te voir à la confouine (ici), et comme je l'ai dans l'étui (peau), que je ne suis pas campeur (infidèle) à ma gironde (belle), la mecque (reine) du trimard (trottoir) de la rue de la Gaîté, pour le goupinage (travail), si jamais tu entorches (soulèves) ses endosses (jupons), ma dague (couteau) te sionnera (tuera).

— Ma marmite (maîtresse) vaut la tienne, et je me gausille (moque) de celles des autres.

Rosa se redressa et dit à Nucor :

— C'est un vrai homme, il nous fera honneur ; tu peux retirer tes chaussettes et servir le kirsch.

Nucor obéit, il les plaça sur la table, et dans l'une glissa un morceau de sucre que lui remit Rosa ; puis, versant du kirsch au fond d'un vase, il prit les deux chaussettes et, les élevant au-dessus du vase, il les descendit avec précaution pour n'en mouiller de kirsch que l'extrémité des pointes, qu'il tendit à Doibel en disant :

— A ton choix suce, avec ou sans sucre.

— Brenicle (non), s'écria Doibel.

— Allons, ne fais pas le dégoûté, c'est la magne (manière) d'entiffer (d'entrer) dans l'enfonçoir (l'association) et de clabotter (manger), de picter (boire) à la même galetouse (gamelle).

— Brenicle, répéta Doibel.

— Entre escarpes (voleurs) il faut de la muette (conscience), et je mire (vois) ton flambottage (jeu). Rosa t'engante (t'aime), et si tu n'es pas un lâche, prends le surin et sus au grand ressort (cœur).

Nucor et Doibel ouvrirent simultanément leurs couteaux à longues lames, minces, effilées, qu'ils fixèrent aux manches par une virole mobile.

Nucor mit son arme entre ses dents et jeta pêle-mêle la table, les chaises sur le lit devenu vide. Il groupa les quatre souteneurs de façon à protéger Rosa, qui, au milieu de ce cadre vivant, pouvait regarder sans aucun danger. L'espace resté libre pour les combattants ne mesurait pas trois mètres carrés.

Au moment où Nucor s'écria : « A nous deux ! » le silence était glacial, et les misérables habitués à répandre le sang semblaient effrayés de voir celui qui allait couler.

La lutte commença. Elle fut courte.

Nucor, plus grand, plus fort que son adversaire, brandit son couteau, que sa main vigoureuse et sûre enfonça de neuf centimètres dans la cavité thoracique de Doibel. La plèvre et le cœur étaient

Nucor passa le 4 avril suivant en Cour d'assises ; son avocat, M° Coulon, parvint à ne le
faire condamner qu'à six années de réclusion
pour coups et blessures ayant occasionné la
mort (1).

A Mazas, Nucor reçut plusieurs lettres de
Rosa, et dans l'une d'elles j'ai relevé ce passage typique :

« Doibel avait de l'atout (courage), mais toi
tu es le vrai homme et tu resteras mon seul
mâle. J'ai peur de tes anciens camarades. Je
ne peux cependant pas vivre seule ; aussi je me
suis attachée à une vieille amie, ma confidente,
qui s'habille en homme ; comme ça, mon beau
jaloux, tu partiras en centrale plus tranquille. »

Il est certain que cette fin de lettre avait été
dictée à Rosa par sa vieille amie avec laquelle,
l'année suivante, elle se fit arrêter au bois de
Vincennes pour ivrefse et attentat à la pu-
deur.

Sur la planche 18 Rosa porte la livrée de
Saint-Lazare, et a camarade, matrone du vice,
en costume masculin, est placée au centre
d'un échantillon de femelles, inscrites sur les
contrôles de la prostitution. Dans ce hideux

(1) *Droit*, numéro du 5 avril 1879.

assemblage de jeunes et de vieilles vendeuses d'amour, pas une n'est exempte d'antécédents judiciaires; ce sont même des récidivistes, ayant subi des peines plus ou moins longues pour guet-apens, attaques nocturnes et vols à l'aide de violences.

Généralement, le public croit que ce genre de filles fait partie du personnel de la police; ce serait naïf, et les chefs de la Sûreté, comme les agents, l'ont appris par expérience :

> « Rien ne pèse tant qu'un secret :
> Le porter loin est difficile aux dames. »

Cette vérité que La Fontaine écrivit il y a plus de deux siècles est encore la vérité de nos jours. Voilà pourquoi les « policières » n'existent que dans l'imagination féconde des romanciers qui en ont créé de fantaisistes pour leurrer spirituellement le public.

Il ne faut cependant pas croire que les femmes, en police, ne jouent aucun rôle; elles lui sont au contraire un puissant auxiliaire et forment même « légion », légion occulte, il est vrai, ne recevant pas le moindre subside, et dont les membres sont répandus dans toutes les classes de la société.

La femme est un être passionné, et comme

les passions humaines dominent et gouvernent l'univers, la police reçoit d'elles des divulgations quotidiennes gratuites, sous forme de lettres anonymes. Cet instrument de basse vengeance est la ressource des femmes trahies, des maîtresses abandonnées, des filles perdues, car, en analysant leurs dénonciations, on y sent percer autre chose que le désir d'être utile à la société. A travers les lignes on pourrait mettre : jalousies, colères, rancunes et quelquefois... remords.

En matière criminelle, les femmes servent souvent d'indicatrices, mais à ces indicatrices, surnommées « coqueuses, casserolles » par les malfaiteurs de profession, on n'a jamais confié le soin de suivre ou de débrouiller une affaire.

La police est une femme exceptionnelle; elle se méfie de la nature et du tempérament de ses pareilles, plus enclines à écouter leur cœur que leurs intérêts.

Au point de vue politique et galant, l'indicatrice, par sa subtilité, les ruses de son esprit, devient alors un personnage actif, dangereux, qui s'arrange de façon à ronger le plus possible le chapitre des fonds secrets. Elle facilite, noue, dénoue les intrigues dans le but d'obtenir le secret qu'elle veut connaître.

L'histoire des mœurs et de la police parisienne montre, sous Louis XIV, Louis XV et
Louis XVI, les indicatrices à la solde des lieutenants généraux, La Reynie, René d'Argenson, de Sartines, Le Noir.

Pendant le Consulat et 'Empire, les ministres Fouché, Dubois, Savary, ont usé et
abusé d'elles.

A la première Restauration et sous les Cent-
Jours, elles disparaissent et leur action malfai-
sante ne recommence qu'à l'avènement du second Empire. Puissantes, bien rentées, ce sont
elles qui, avec tact et habileté, fournissaient au
chef de l'État les meilleurs renseignements sur
les manœuvres de l'Opposition.

A l'heure actuelle, il bourdonne encore trop
de ces guêpes dans les chancelleries étrangères.

Plus on avancera dans la vie, plus il faudra
se méfier des filles galantes, car avec la loi du
divorce, elles prendront peu à peu la place des
honnêtes femmes.

Que déjà chacun regarde autour de soi :
bien des maris divorcés ont épousé le triste restant des autres.

Je disais que la vengeance était surtout le
plaisir des femmes, et pour s'en convaincre il
suffit de lire les gazettes judiciaires.

Les psychologues recherchent le mobile qui pousse les maîtresses des assassins à se faire les alliées du bourreau. Sans les révélations de Jeanne Blin, de la femme Sabatier et d'Eugénie Forestier, les têtes de Marchandon, de Pranzini et de Prado ne seraient peut-être pas tombées. Ces filles n'étaient pas leurs complices et cependant ils ont tué et volé pour elles. Avant l'exécution elles parlaient de suicide ; un mois après des consolateurs en réserve prenaient la place des exécutés.

On ne saura jamais ce qui se passe dans l'âme de ces créatures dont le cœur est plus accessible aux aventures galantes que leur conscience aux remords.

Mes contemporains deviennent trop indulgents pour ce genre de femelles, et j'ai peur que, dans un avenir prochain, nos enfants n'aient à en souffrir cruellement. N'est-il pas scandaleux de voir avec quel ménagement l'on traite, à l'heure présente, ce petit produit de province, l'horrible Gabrielle Bompard ? Elle commande ses repas, distribue des poignées de mains, reçoit de l'argent, des fleurs ; on signale ses toilettes, on recueille ses notes et un photographe la suit à Lyon pour ne perdre aucune de ses poses. On oublie avec trop de facilité son rôle dans l'assassinat de Gouffé, pour applaudir celui qu'elle joue depuis son retour d'Amérique, où elle a bien pu faire disparaître le coupable Eyraud. Ce serait si drôle de lancer la police sur un nouveau cadavre afin de gagner du temps et de se présenter seule à la Cour d'assises ! A son aise elle pourrait charger l'absent, il aurait tous les torts, et comme elle a menti, ment, et mentira, elle escompte déjà son futur succès sur ce grand théâtre judiciaire.

Cette cabotine du crime sait apprécier à sa juste valeur les travers de notre époque. Heureuse du bruit fait autour de cet assassinat, elle pratique joyeusement la réclame en exploitant le peu de sympathie dont jouissent généralement les huissiers. Vieille et laide, elle serait restée au Canada ; jeune, assez agréable, dit-on, coquette, énigmatique, voilà plus qu'il n'en faut pour attirer l'attention. Elle dénonce Eyraud, parce qu'il a été au-dessous de sa tâche. Avec elle il a pu tuer, sans elle il n'a pas su voler.

Les criminelles de sa catégorie s'inclinent devant les hommes *forts :* elles sont de la race des lionnes qui rejettent les mâles inférieurs. Nature positive, Gabrielle visait l'argent. Par un manque d'habileté [impardonnable, au lieu de

indistinctement le chantage, le faux, le vol et l'assassinat.

De chaque côté du cadavre placé au bas de la planche 19, figurent deux pédérastes assassins, âgés de 17 et 18 ans. Celui coiffé d'un chapeau portait le sobriquet de « Bichonnette ». Il fut avant son crime condamné à six mois de prison pour vol et cette condamnation acheva de le pervertir. Beau garçon, il servit de passe-temps aux autres détenus et devint la victime de leurs ignobles appétits. A sa sortie de l'établissement pénitencier, il racola un individu âgé de cinquante ans, aux mœurs dépravées, se fit conduire chez lui et au moment où ils accomplissaient ensemble un acte contre nature Bichonnette frappa son complice de trois coups de couteau. La mort fut instantanée. Le criminel s'empara de l'argent, des bijoux, et continua la même existence jusqu'au jour de son arrestation.

Son défenseur, M⁰ Cornu, obtint en sa faveur les circonstances atténuantes et Bichonnette n'eut que les travaux forcés à perpétuité (1).

Le second pédéraste, garçon de salle, après plusieurs chantages tenta, le 15 février 1880,

_____

(¹) *Droit,* numéro du 29 avril 1883.

Pl. 20.

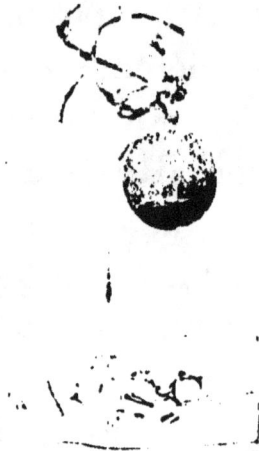

d'assassiner un Anglais domicilié rue de Turin. A la suite de sa condamnation aux travaux forcés il fut, en attendant son départ pour la Nouvelle Calédonie, transféré à la Grande Roquette où il se livra à des actes tellement excentriques que, d'urgence, on ordonna sa translation à l'Asile de Sainte-Anne. Le soir même il s'évadait. Le lendemain, entre onze heures et midi, il se fit annoncer chez le directeur et lui dit en jetant cinq louis sur le meuble-bureau : « Me voici de retour et je n'ai pas perdu ma nuit. »

Ce n'est ni le manque d'instruction, ni la misère qui ont conduit au crime ces deux antiphysiques. Relativement instruits, ils pouvaient exercer leur état, mais, préférant la vie vagabonde aux occupations honnêtes, régulières, ils se faisaient gloire de l'argent obtenu par un honteux trafic.

Les précoces meurtriers figurant sur la planche 20, élevés convenablement, possesseurs de leur certificat d'études, n'avaient point, comme les précédents, de liaisons dangereuses, et la prison leur était inconnue. Doués d'une intelligence au-dessus de la moyenne, l'un, Félix Lemaitre, cherchait la renommée ; l'autre, Eugène Ollivier, plus modeste, voulait satisfaire son caprice de posséder des montres. Bizarre coïncidence, c'est par une chaîne de gilet que le premier attire sa victime, âgée de six ans, pour la tuer froidement, et c'est dans le but de s'emparer de plusieurs montres que, non moins froidement, le second assassine sa cousine, âgée de soixante-seize ans.

Ces jeunes criminels ont agi d'après leur propre inspiration, et, dans les annales judiciaires, ils resteront des spécimens de curieux cas pathologiques.

Lemaitre, nouveau Papavoine (1) imberbe, a été successivement teneur de livres, garçon charcutier, emballeur. Le 15 février 1881, il détourna la somme de 200 francs à son patron, et, malgré son âge, quatorze ans et demi, il s'installa dans un de ces garnis du boulevard de La Villette, servant de repaires aux souteneurs, aux filles et aux débauchés. Ces sortes de bouges, où la misère coudoie le vice, reçoivent également des couples enfantins, et l'enfant y tue l'enfant.

Dix jours suffirent à Lemaitre pour épuiser en plaisirs le produit de son vol. A bout de res-

---

(1) Papavoine fut condamné à mort le 23 février 1825, pour avoir tué à coups de couteau deux enfants qui lui étaient inconnus.

sources, le 25 février, il acheta, vers trois heures de l'après-midi, un couteau-poignard. qu'il eut la précaution d'ouvrir et de placer sur la commode. Entre quatre et cinq heures, il accostait, boulevard de La Villette, trois enfants, âgés de cinq à six ans; le petit Schaenen, seul, le suivit dans sa chambre pour obtenir la chaîne d'acier et les gâteaux que Lemaitre lui avait promis. Le misérable ayant fermé la porte à double tour, retira sa jaquette, s'empara de l'enfant, lui attacha les mains derrière le dos avec un mouchoir, le bâillonna avec un foulard; puis, il le dépose sur le lit, rabat son pantalon, relève sa chemise, et, lui couvrant les yeux d'une main, de l'autre, il plonge, par deux fois, l'arme préparée d'avance au milieu de l'abdomen. Schaenen, ne pouvant crier, se débattit. Lemaitre lui coupa aussitôt la gorge avec une telle violence que le cou fut presque détaché. Sa lugubre besogne terminée, il essuya ses mains ensanglantées, remit son vêtement, démêla ses cheveux et sortit de la chambre en emportant la clé.

A neuf heures, il se constituait prisonnier entre les mains de M. Roudil, Officier de paix, auquel il dit, sans la moindre émotion : « Je me nomme Félix Lemaitre, je viens d'assassiner un petit garçon que je ne connaissais pas. Arrêtez-moi. »

M. Roudil regarda avec stupéfaction son interlocuteur, et Lemaitre réitéra sa déclaration, en ajoutant : « Voici la clé de ma chambre, vous y trouverez ma victime. »

Le lendemain, M. Barbette, juge d'instruction, mit Lemaitre en présence du cadavre. L'insensibilité du jeune monstre étonna ce magistrat préparé à toutes les surprises. Il lui en fit l'observation, et Lemaitre répondit : « Je ne pleure jamais, ma nature s'y refuse ; il est impossible de voir sur ma figure ce que je pense et ce que je ressens. »

— Pourquoi, avez-vous, reprit M. Barbette, descendu le pantalon de votre victime et relevé sa chemise ?

— De cette façon, mon couteau avait moins d'obstacles à traverser.

Ce féroce assassin du petit être sans défense jouissait-il de sa raison ?

Le juge le soumit à des expertises spéciales qui établirent son incontestable lucidité. M. le docteur Mottet l'observa quotidiennement à la prison des jeunes détenus, et il ne surprit, à son sujet, aucun symptôme d'aliénation mentale.

M. Legrand du Saulle a déclaré, après un examen sérieux, approfondi, qu'en son âme et conscience, il croyait Félix Lemaitre responsable de ses actes.

A l'audience de la Cour d'assises du 15 juillet 1881, M. l'avocat général Bouchez a fort bien analysé la nature intelligente et perverse de Lemaitre. L'accusé, dit-il, commence par commettre de petits vols chez ses parents ; il abuse ensuite de la confiance de son patron et s'empare d'une somme de 200 francs qu'il dissipe en quelques jours. Comme il ne sait pas se tirer de l'impasse où il est, au lieu de chercher à s'amender, il passe, par une inspiration monstrueuse, du vol à l'assassinat.

Lemaitre préfère devenir un grand criminel plutôt que de rester un vulgaire voleur. Vaniteux, poseur, il n'a jamais dit la vérité. La version sur son crime varie chaque fois qu'il se trouve pris en flagrant délit de mensonge. Il avait lu, affirme-t-il, dans un roman la description de la scène sanglante qu'il a exécutée, mais il n'a pu désigner le titre de ce roman. Se trouvant sans ressource, il écrit plus tard : « *J'ai vu rouge;* l'idée de tuer un enfant m'est venue subitement et le hasard m'a mis en présence du petit que j'ai assassiné. »

L'enquête fit justice des fausses assertions de Lemaitre, dont la seule préoccupation à la Petite Roquette consistait à se renseigner auprès des gardiens sur la vente des journaux illustrés reproduisant son portrait.

« J'ai suivi, disait-il, les drames judiciaires et Ménesclou m'a empoigné. Je suis moins coupable que lui n'ayant ni violé, ni dépecé ma victime. Mon portrait doit être supérieur au sien, car il n'avait pas sa cravate, tandis que j'ai obtenu la faveur de conserver la mienne. »

Sur sa demande, on lui remit sa photographie qu'il rejeta en disant : « Ma cravate est de travers, l'ensemble ne vaut rien. »

Une somnambule de foire lui ayant prédit *qu'il serait quelqu'un,* tourmenté du besoin de faire parler de lui, il veut être ce quelqu'un, et, par vanité criminelle, il égorge un enfant, idée sauvage qui lui donna en effet une précoce renommée dans le crime.

Mᵉ Brossard et Mᵉ Comby, défenseurs de Lemaitre, ont soutenu que l'acte bizarre, au mobile inconnu, commis par leur client ne pouvait s'expliquer que par une perturbation mentale.

Le jury rendit un verdict de culpabilité en vertu duquel Lemaitre fut condamné à vingt ans de prison.

A trente-cinq ans reprendra sa place dans la société. L'homme alors se vengera cruellement sur elle.

Au-dessous du portrait de Lemaitre et des photographies de sa victime, j'ai placé deux dessins de lui avec cette légende : « Plan de la chambre du crime, fait par *moi* Félix Lemaitre. — 27 février 1881. »

Sur le lit sont tracés les mots : calepin, chaîne, couteau ; sur la table-toilette existe cette mention : livre et cahier de l'enfant ; et sur la commode, on lit, à droite : secoupe (*sic*) aux cigarettes et aux épeingles ; à gauche : romans ; et au-dessous : tiroir au couteau.

La médaille reproduite planche 20 est celle que portait au cou l'enfant assassiné. Quant au couteau-poignard, c'est la reproduction de celui dont s'est servi Lemaitre. Il mesure ouvert 24 centimètres.

Les débuts de l'employé de commerce Eugène Ollivier ont été les mêmes que ceux de Lemaitre. Il vole de petites sommes chez ses divers patrons et finit par commettre un assassinat.

A quinze ans, il ramasse boulevard Malesherbes une lettre chargée, il s'empare des billets de banque qu'elle contenait, et donne un libre cours à sa passion pour les montres. Il en achète quatre et à force de les faire manœuvrer, il en brise les mouvements. Il va, on ne sait dans quel but, s'enquérir au Mont-de-Piété du nombre des montres perdues, volées et recherchées par leurs numéros.

J'ai connu ce détail par le chiffre 1200 tracé plusieurs fois au crayon sur le carnet d'Ollivier. Interpellé à ce sujet, il me répondit : « C'est le total des montres mises au Mont-de-piété chaque jour à Paris.

— En quoi cela pouvait-il vous intéresser ?

— J'aime à me rendre compte.

Les montres sont en effet les bijoux les plus répandus et qui tentent spécialement les voleurs ; la moyenne engagée est de 300 à 400 mille par an.

En examinant son portrait placé au bas de la planche 20, pourrait-on croire que ce jeune scélérat avec sa casquette galonnée, son air enfantin, ait pu, à 16 ans, s'armer d'un rouleau en bois de chêne pour assommer une femme septuagénaire?

Le 25 mars 1879, à deux heures de l'après-midi, au moment où sa cousine, la veuve Leclère, en l'absence de sa bonne, lisait le *Petit Journal,* Ollivier entra sans bruit, passa der-

rière elle et lui martela le crâne. Les coups
portés furent si violents que la cervelle, les os,
la chair, le sang ne formèrent plus qu'une
épaisse bouillie.

M. le docteur Brouardel constata que l'os
frontal était en treize morceaux, le nez écrasé,
les oreilles coupées et la mâchoire broyée.

Au cours de son premier interrogatoire,
M. Prinet, juge d'instruction, demanda à
l'assassin combien de fois il avait frappé !

— Est-ce que vous croyez que je les ai
comptés ? répondit-il.

Le juge reprit :

— D'où vous est venue l'idée de vous servir
d'un rouleau à pâtisserie ?

Il était long, lourd et dur ; j'avais calculé
qu'en l'employant comme un levier j'aurais là
une arme terrible, et c'est pour ce motif que je
l'ai choisi !

— On a trouvé sur vous la montre en or
de votre victime.

— J'aime les montres.

Ollivier, comme les jeunes criminels, semblait heureux de la notoriété que son crime lui
donnait, et pendant sa détention, il n'eut pas
la moindre expression de regret.

« Je sais, disait-il à ses gardiens, qu'on ne

guillotine pas les enfants, alors à quoi bon m'inquiéter ? »

A l'audience du 30 mai 1879, il fit au président, M. Thomas, et à M. l'avocat-général Loubers, les mêmes réponses qu'à M. Prinet.

Le docteur Lasègue ayant examiné Ollivier au point de vue intellectuel, conclut à l'absence de toute aliénation mentale.

Me Litzelmann ne fit condamner son client qu'à vingt ans de travaux forcés.

Le 22 juin 1879, j'assistai au départ d'Ollivier quittant la Grande-Roquette, et je l'ai vu dans la tenue d'un conscrit au conseil de revision. Je suis encore étonné que ce chétif avorton, n'ayant pas un mètre cinquante centimètres de taille, ait pu commettre un crime si peu en rapport avec son âge et sa faiblesse physique. Avec lui partait ce même soir, pour la Nouvelle-Calédonie, un saltimbanque d'une stature herculéenne dont la tête puissante avait le masque d'un dogue.

— Regardez, dis-je à M. Balitout qui m'accompagnait, « l'Ogre et le Petit Poucet..... du crime. »

Grands ou petits, gros ou maigres, il faut que les partants se contentent de l'uniforme de voyage taillé sur un modèle unique. Ollivier

Pl. 30.

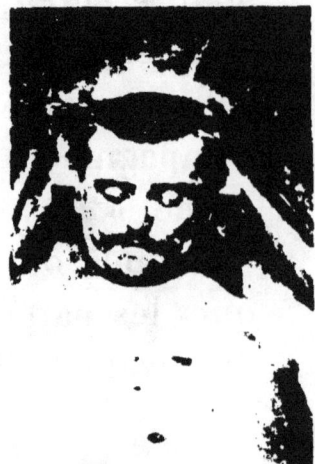

était perdu dans le sien, tandis que son compagnon de route éclatait comme dans un costume de bain de mer trop étroit.

L'on m'a écrit que le petit Ollivier avait été tué en 1882 dans une révolte à laquelle il prit part à l'île Nou; sur lui, chose extraordinaire, se trouvait encore une montre.

Si l'amour des montres perdit Ollivier, celui des croix de la Légion d'honneur permit d'arrêter Charles Bistor et Anna Perrin, les meurtriers de la veuve Stordeur, âgée de 70 ans, représentée entre ses bourreaux sur la planche 21. Elle tient dans sa main raidie la ficelle qui l'étrangla.

Au-dessous de ces personnages, on voit en manches de chemise Weisshaar et sa victime, âgée de 60 ans, puis Landrillon, l'auteur de la mort de l'Inspecteur de la Sûreté Ronget.

Charles Bistor et Anna Perrin s'étaient entendus pour assassiner et voler la veuve Stordeur, chez laquelle ils pénétrèrent le 11 décembre 1881, à six heures du soir. Bistor, qui avait eu le soin de se munir d'un marteau, d'une corde, d'une pince, se jeta sur elle, l'abattit, étouffa ses cris en lui passant la corde à nœud coulant autour du cou.

Anna Perrin tenait la lumière. Pendant que

la victime agonisait, les deux complices fure-
tèrent les meubles et, ne trouvant ni l'or ni les
billets de banque cherchés, ils s'emparèrent de
l'argenterie, des pistolets, et des décorations
de M. Stordeur.

Aucun indice ne mit d'abord sur les traces
des auteurs de cet assassinat, dont l'instruction
fut confiée à M. Jaudin. Ce juge délicat et regretté s'étant rendu au commissariat de M. Lefebvre d'Hellencourt, apprit que la victime
avait reçu plusieurs fois la visite d'un courtier
en librairie, ancien camarade de son petit-fils,
nommé Delafay, actuellement soldat. Le visi-
teur était accompagné d'une jeune fille qu'il
avait présentée comme étant sa sœur.

Les agents Rossignol et Jaume reçurent la
mission de retrouver ces deux personnes et au
besoin d'opérer leur capture.

Je transcris leurs curieuses dépositions à
l'audience de la Cour d'assises du 13 mai 1881.

Voici d'abord le récit de l'Inspecteur de la Sûreté Rossignol. Il est extrait du *Petit Journal :*

Le Chef de la Sûreté était d'avis que, si le crime n'é-
tait pas le fait de Gustave Delafay, il avait dû être commis par quelque camarade à lui. Ayant appris que Delafay avait eu pour associé un nommé Charles Bistor,
qui s'occupait de placement de librairie, M. Macé se

préoccupa de savoir quelles étaient les publications les plus en vogue en ce moment. On vendait beaucoup la *Grande Iza* et les *Mémoires de M. Claude*. Les recherches, aussitôt entreprises, firent découvrir qu'un courtier du nom de Charles Delafay était parti pour colporter ces ouvrages dans le Nord.

Je reçus pour mission de me diriger de ce côté avec mon collègue Jaume. Nous nous mîmes en route vêtus en colporteurs, l'un nanti d'une pacotille de bijouterie, l'autre d'une petite cargaison de toile. Nous parcourûmes plusieurs localités offrant notre marchandise et cherchant le courtier en librairie. Le 17 décembre nous arrivions à Creil.

En allant de maison en maison, nous apprenions qu'un marchand de livraisons demeurait à l'hôtel de l'Epée. Nous nous rendons à cet hôtel et nous demandons à la patronne : « Est-ce que M. Charles est là ? » — « Ce n'est pas lui que je loge, c'est un nommé Richard ; mais il connaît, je crois, ce M. Charles, qui est venu le voir avec sa maîtresse, une petite qui a habité Lyon ; ils doivent habiter chez Leclerc. » Nous allons chez Leclerc.

Il nous dit que Delafay ne logeait plus chez lui depuis un mois environ.

— Est-ce qu'il vous doit de l'argent ?

— Il m'en devait, mais sa maîtresse m'a payé ces jours-ci.

— Ils sont donc dans le voisinage ?

— Oui, route de Montataire, nº 12 ; ils semblent plus heureux qu'ils n'étaient, car j'ai eu de leurs nouvelles par un de mes clients, commis chez un changeur.

— Que vous a donc appris ce client ?

— Que Delafay avait offert à son patron de lui vendre un titre de rente...

Pour le coup, nous étions sur la bonne piste. Nous

filons aussitôt à l'adresse indiquée, en ayant soin de passer par la gendarmerie pour n'être pas embarrassés au cas où l'arrestation ne pourrait être opérée que la nuit. Il faisait déjà sombre. Nous nous faisons connaître au maréchal des logis et il vient avec nous.

Route de Montataire, nous nous informons de Delafay. « Il doit être chez lui, nous dit le logeur, car il y a de la lumière. » Nous montons. Le maréchal des logis reste un peu en arrière de façon à ne pas nous faire manquer l'affaire si Bistor n'était pas là.

Je frappe à la porte. Anna Perrin vient ouvrir. Elle était seule. Nous demandons : « Charles n'est donc pas là ? » — « Non ; que lui voulez-vous ? — « Nous sommes des camarades à lui ; sachant qu'il était à Creil, nous n'avons pas voulu passer sans lui serrer la main ; nous partons ce soir pour Senlis. » — « Eh bien ! entrez, je l'attends et je pense qu'il ne tardera guère. » Elle ajouta qu'il avait dû aller à Paris et nous fit voir deux dépêches qu'il lui avait expédiées dans la journée pour annoncer son retour.

Nous décidons alors d'établir une souricière dans le logement. Nous laissons avancer le maréchal des logis. Sa présence provoque une certaine émotion chez Anna Perrin. Elle se met à pleurer. « Voyons, consolez-vous, nous cherchons votre amant à cause de son insoumission au service militaire. » Mais elle ne paraît pas nous croire.

Mon collègue Jaume va au télégraphe. Il envoie trois mots à M. Macé : *Avons bon espoir.* Pendant ce temps je demande à Anna :

— Est-ce que Charles a les pistolets sur lui ?

— Quels pistolets ?

— Oh ! vous savez bien...

— Ma foi ! vous le verrez quand il rentrera.

— Ne cherchez pas à nous tromper, je vais faire des fouilles dans les tiroirs.

— Alors, ce n'est pas la peine, voici les armes.

Elle me montrait une boîte. Les pistolets volés rue de Charenton y étaient enfermés avec plusieurs *croix de la Légion d'honneur* et des cuillères en vermeil. Mon camarade, voyant cela à son retour, expédie un second télégramme au chef de la sûreté : *Nous avons la marchandise, nous attendons le second colis.* Nous nous tenons à l'affût jusqu'à dix heures et demie.

A dix heures et demie, des pas se font entendre. On cogne à la porte. J'ouvre et je reconnais tout de suite celui que nous cherchions. Nous l'empoignons, mon collègue et moi, et nous le livrons à la gendarmerie, pour nous occuper immédiatement de deux autres individus qui montaient derrière lui.

Nous pensions que ce pouvaient être des complices.

Ils se livrent sans résistance, bien qu'ayant chacun en poche un revolver et un rasoir. Nous avons su ensuite que c'étaient des amis de rencontre qui avaient fait le voyage avec l'accusé.

Rentrés dans la chambre, nous questionnons notre homme. Jaume lui dit :

— Comment t'appelles-tu ?

— Charles Delafay.

— Non, tu t'appelles Charles Bistor, c'est toi qui a assassiné la vieille.

— Mais...

— Nous le savons.

— Allons ! ça y est, je suis pris.

Je lui ai dit qu'il n'avait pourtant pas mauvaise figure. Il m'a répondu qu'il ne fallait pas se fier aux apparences. Il n'a pas essayé de nier, et il s'est troublé à peine. Il a fumé une cigarette, bu un verre de vin, après quoi nous l'avons conduit au violon, où nous avons passé la nuit avec lui. Il n'avait pas l'air de comprendre ce qu'il avait fait, car il a causé jusqu'au matin de choses et

15

d'autres comme quelqu'un qui n'aurait rien sur la conscience.

L'inspecteur Jaume dépose à son tour.

Au moment où nous entrions chez Anna Perrin, dit-il, je crus remarquer qu'elle cachait dans sa poche des papiers. C'est alors qu'elle nous a montré les deux dépêches de son amant. Dans l'une, on lisait : *A midi, serai à Creil;* dans l'autre : *Serai ce soir Creil avec cheval, voiture.* Ces dépêches étaient signées Delafay. Je dis alors du regard à mon collègue Rossignol : « La partie est perdue pour nous. » Il me semblait que c'étaient là les défaites d'un homme qui lâchait sa maîtresse et qui voulait disparaître avec l'argent.

Anna avait peur : elle pleurait. Je lui dis : « Mon enfant, ne pleurez pas. » Mais elle avait des pressentiments.

Sur un coin de la table, se trouvait un numéro du *Petit Journal* ouvert à la troisième page. Il y avait précisément dans ce numéro le récit de l'affaire de la rue de Charenton. « Vous lisiez donc cela ? dis-je. Vous savez qui a fait le coup ? C'est votre amant. — Je m'en doutais, me répondit-elle. — Savez-vous comme ça s'est passé ? » Voici le récit qu'elle me fit : « Je suis sortie à cinq heures avec Bistor. Je l'ai attendu près de la gare de Lyon, et, au bout d'une heure, il est revenu me trouver en me disant : « J'ai de l'argent. » Mais je ne croyais pas qu'il eût assassiné. » Elle a laissé mon camarade fouiller la chambre.

Entre dix heures et demie et onze heures, nous achevions notre besogne en conduisant à la gendarmerie Anna Perrin et les trois hommes capturés.

M. Hardouin présidait cette audience, et M. Calary occupait le siège du ministère public.

Au nombre des jurés se trouvait M. Carolus Duran.

Me Léon sollicita la compassion pour Bistor, et Me Crochard soutint qu'il était impossible qu'Anna Perrin eût participé au crime. L'histoire de Bistor et de sa maîtresse, dit il, est un roman d'amour, de misère et de crime.

Bistor fut néanmoins condamné à la peine de mort, et sa concubine à six années de réclusion.

M. Grévy trouva bon de gracier l'intéressant Bistor.

Eugène Weisshaar, originaire de la Suisse allemande, âgée de dix-huit ans, était palefrenier chez les époux Gindrat, loueurs de voitures.

Le 10 juillet 1881, vers neuf heures du soir, profitant de l'absence de son maître, il entra dans la chambre de sa patronne, et s'étant assuré qu'elle dormait profondément, il lui fracassa la tête avec la cognée servant à fendre le bois.

Madame Gindrat possédait un petit chien, qui se jeta sur le garçon d'écurie. D'un coup de hache, celui-ci trancha les deux pattes de devant de l'animal, puis ouvrit les tiroirs de la commode, s'empara du porte-monnaie contenant la somme de mille francs qu'il savait devoir s'y trouver.

On constata plusieurs empreintes de sa main ensanglantée sur le linge, et Weisshaar n'oublia pas d'enlever sa photographie.

Arrêté à Bolbec encore nanti du porte-monnaie de sa victime, il déclara aux gendarmes qu'il avait tué et volé afin d'avoir de l'argent et de pouvoir voyager. « *L'immensité du monde m'attire,* » disait-il. C'est sans doute pour cette raison que les jurés lui accordèrent, à l'audience du 18 novembre 1881, des circonstances atténuantes, et ne le condamnèrent qu'aux travaux forcés.

Weisshaar fit, aux frais des contribuables, le voyage de la Nouvelle-Calédonie, et cet assassin de dix-huit ans, né à l'étranger, coûtera plus cher à entretenir qu'un soldat français.

Certaine classe de garçons bouchers se servent ordinairement, pour vider leurs différends, d'objets professionnels ; mais ceux qui se livrent aux attaques nocturnes font usage d'un os, placé sur la selle du mouton, et qui est loin d'avoir la douceur de cet animal. Il est reproduit entre le portrait de Landrillon et le cadavre de l'inspecteur de la Sûreté Rongeat. Insignifiant en apparence, ce petit os, bien

manié, peut devenir une arme terrible ; il suffit pour cela d'en assujettir la partie plate dans
la paume de la main et de laisser passer l'autre
extrémité, soit entre l'index et le doigt majeur,
soit entre le majeur et l'annulaire. Le coup de
poing ainsi armé produit un effet considérable.
Porté à l'épigastre, il amène les crachements
de sang ; sur l'abdomen, il détermine la péritonite, et toute personne frappée l'est toujours
mortellement.

C'est de cette manière que succomba Rongeat, une des nombreuses victimes du devoir.
Le 31 avril 1881, en tournée de surveillance
avec son chef Vincencini, ayant aperçu deux
malfaiteurs recherchés depuis longtemps qui
fouillaient les poches des dames, Rongeat les
suivit, tandis que Vincencini, connu d'eux, s'é-
loignait de quelques pas. Dès que Landrillon
se fut emparé d'un porte-monnaie Rongeat l'arrêta, mais le malfaiteur, prévenu par son aco-
lyte, se jeta sur lui, le renversa d'un violent
coup au thorax et prit la fuite.

L'inspecteur, relevé, parvint à le rejoindre ;
Landrillon, qui connaissait la qualité de l'a-
gent, lui porta un nouveau coup au nombril,
et s'échappa pour la seconde fois. L'inspecteur
continua sa chasse et réussit enfin, dans la cour

du Louvre, à maintenir son prisonnier. Un gardien de la paix ramassa sur le théâtre de la dernière lutte un os, qu'il déposa au poste où avait été conduit le garçou oucher. Landrillon n'était gé que ix-huit ans.

A la suite de cette périlleuse et importante capture, Rongeat dut s'aliter, et dix jours après il mourait dans d'horri les souffrances.

M. Le Paulmier in légiste, commis par M. le juge Colmet d'Aage, rechercha les causes de la mort de Rongeat, et les conclusions de son rapport indiquèrent que cet obscur martyr avait succombé aux suites d'une péritonite aiguë.

Le 22 septembre 1881, le repris de justice Landrillon, sans asile, sans moyens d'existence, fut condamné aux travaux forcés.

Après Lemaitre, Ollivier, Weisshaar, je termine la série des gredins imberbes, une de nos affligeantes plaies sociales, par Ménesclou, Gilles, Abadie, Cornet, Marquelet, Gamahut, Marchandon (planche 22).

Lemaitre, émule de Ménesclou, attira sa victime en faisant briller à ses yeux une chaînette d'acier; ce fut en montrant une branche de lilas à Louise Deu, âgée de quatre ans, que Ménesclou, le 15 août 1880, réussit à la faire

entrer chez lui pour la violer, l'égorger, la dépecer et en brûler les morceaux au nombre de
trente-neuf.

Lorsque M. Véron, actuellement commissaire de police aux Halles centrales, arrêta le
misérable, il dissimulait dans ses poches les
mains de la pauvre petite fille. Le four du
poêle contenait encore la tête en partie cal-
cinée.

Louis Ménesclou, dit le Marin, était âgé de
vingt ans. A la suite d'actes obscènes pratiqués
sur des enfants et sur des animaux, son père
le fit enfermer deux fois à la Petite-Roquette.

Embarqué comme novice à bord d'un bâtiment de l'Etat, il y subit, en l'espace de dix-
huit mois, 176 punitions.

On le congédia.

Le jour où M. Ragon, juge d'instruction, se
transporta sur le théâtre du crime, sans l'intervention de M. Honorat, officier de paix, les
femmes du quartier auraient fait justice de
cette brute sanguinaire et lubrique qui, suivant son expression, avait « creusé une fosse
dans sa paillasse ». En effet, il passa la nuit du
15 au 16 avril sur le cadavre de sa victime
qu'il avait enfouie au milieu de la paille gar-
nissant sa paillasse !

Cette fois l'opinion publique était tellement soulevée que M. Grévy dut faire violence à son horreur de la peine de mort et laisser au bourreau la tête du jeune criminel. Ménesclou est le dernier condamné que le vénérable abbé Crozes ait conduit à l'échafaud, le 7 septembre 1880.

Les docteurs Sappey et Dassay firent l'autopsie de cet assassin et constatèrent que sa cervelle pesait 1.382 grammes et qu'il n'avait aucune habitude contre nature.

Miné par la douleur, le père de Ménesclou est allé mourir au fond d'une campagne et sa mère, aliénée, est pensionnaire de l'asile Sainte-Anne. Ni l'un ni l'autre n'ont pu supporter l'opprobre de leur unique enfant.

A côté des nombreux travailleurs parisiens existent des garnements sans métier, qui vivent en compagnie de meurtriers, de voleurs et de filles. Des bandes s'organisent, nomment leurs chefs, rédigent des règlements, parlent argot et correspondent au moyen de signes conventionnels.

Abadie était à la tête d'un groupe de vauriens dont les exploits terrorisèrent pendant quelques mois les habitants des communes de Saint-Mandé, de Vincennes et de Montreuil.

Les membres composant cette association étaient mineurs ; Abadie n'avait pas vingt ans, Gilles venait d'en avoir seize et Farigoul entrait dans sa quinzième année.

Afin de satisfaire l'opinion publique, lorsque la police se rendit maîtresse de ces précoces et redoutables malfaiteurs, trois juges d'instruction, MM. Delahaye, Bresselles et Guillot, furent chargés de faire la lumière sur plusieurs assassinats suivis de vols dont les auteurs, restés inconnus, devaient appartenir à la bande Abadie. La Justice, en voulant activer les instructions de ces divers crimes, amena au contraire des lenteurs et les assassins de la veuve Joubert, de la femme Bassengeaud et du garçon épicier Lecercle, en profitèrent pour faire des aveux toujours suivis de rétractations.

M. Dulac, commissaire aux délégations judiciaires, put enfin déterminer le rôle de chacun. Gilles et Abadie, convaincus de mensonges par des preuves accablantes, se reconnurent les meurtriers de la femme Bassengeaud, cabaretière à Montreuil et les auteurs de plusieurs vols commis la nuit, à main armée, dans des maisons habitées.

Le 30 août 1879, un arrêt de la Cour d'as-

sises les condamnait à la peine de mort.
Quant à leurs complices, ils obtinrent la réclusion, et Farigoul, surnommé le « Raton », à
cause de l'exiguité de sa taille, en fut quitte
pour deux années d'emprisonnement. Ce précieux auxiliaire d'Abadie, vrai type du *pégriot*
lilliputien, se glissait par les ouvertures les
plus étroites dans l'intérieur des maisons afin
d'en ouvrir les portes.

La clémence aveugle du Président de la République gracia les deux bandits, le 12 novembre 1879.

Abadie, dit Kosiki, dit Robespierre jeune,
reconnut alors sa participation à l'assassinat du
garçon épicier Lecercle, et le 30 août 1880, il
comparut de nouveau à la Cour d'assises avec
ses complices Knobloch, dit le « Rouget » et
Kirail. Il continua son système : revenir sur
ses aveux, mais le président, M. Bérard des
Glajeux, lui dit :

— Quand vos déclarations vous embarrassent
vous prétendez les avoir faites pour vous amuser.
Abadie répondit :

— Certainement, je suis un meneur en bateau.

— Vous vous jouez donc de la Justice ? ré-
pliqua M. le président.

Abadie en souriant dit encore :

— Parfaitement.

Puis il continua son explication sur ce qu'il appelait « le coup du cornet ».

— Il s'agit, dit-il à MM. les jurés, d'enfoncer le couteau dans la gorge et de tourner à droite et à gauche ; la plaie ainsi élargie est toujours mortelle.

Le scélérat n'ignorait point que déjà condamné à mort et *gracié,* on ne pouvait lui faire subir aucun autre châtiment que la déportation. Il pouvait donc sans crainte étaler le plus révoltant des cynismes.

Son avocat, M⁰ Danet, a du reste déposé les conclusions suivantes :

Attendu qu'Abadie a été condamné, le 10 août 1879, à la peine de mort ;

Qu'il a expié, par cette condamnation, la plus élevée dans l'échelle pénale, tous les crimes antérieurs qu'il a pu commettre ;

Que l'assassinat commis sur la personne de Lecercle, remonte au 9 janvier 1879 et se trouve, par conséquent, antérieur de trois mois et demi à celui de la femme Bassengeaud ; qu'aucune peine ne peut donc être prononcée de ce chef contre Abadie ;

Que la commutation dont il a été l'objet ne peut faire obstacle à la rigueur de ces principes, reconnus par la jurisprudence de la Cour de cassation ;

Par ces motifs,

Plaise à la Cour :

Dire qu'Abadie, déjà condamné à mort, ne peut plus

être l'objet d'aucune peine, et le condamner purement et simplement aux dépens.

Knobloch fut condamné à la peine de mort, Kirail aux travaux forcés et Abadie aux frais de la procédure.

La jurisprudence a vraiment d'étranges paradoxes : Si la police avait établi d'autres crimes à la charge d'Abadie, ce chef de bande, le plus coupable, cet assassin insolvable, en aurait été quitte pour voir grossir le chiffre de ses dettes.

M. Grévy ne pouvait faire autrement que de gracier Knobloch qui rejoignit ses anciens chefs à la Nouvelle Calédonie.

Abadie et Gille avaient rédigé un règlement, sorte de code pénal, ayant 35 articles et pour sanction aux différents écarts des affiliés de la bande : « La mort ». L'article 14 était ainsi formulé : « Il est défendu d'avoir une maîtresse de cœur. La seule chose permise sera des femmes passagères auxquelles on ne pourra dire un mot de ce qui concerne la société sous peine de mort. Les femmes comprises dans la société serviront de bonnes chez les chefs. »

Abadie, Gilles et Knobloch employaient des signes conventionnels assez compliqués pour leurs correspondances.

Je reproduis seulement le fac-simile de ces signes :

Clé de l'alphabet

La seconde lettre de chaque case prend un point. Exemples :

A B C D E F

Révelations du Détenu

Knoblock

Paris le 24 Février 1880

Abadie

Gilles

16

Abadie est resté le type du prisonnier le plus désagréable : insolent, brutal et toujours disposé à la révolte. Voici ce qui se passa le 14 août 1880 à la Conciergerie :

M. Andrieux, à la suite de plaintes, fit venir Abadie dans le cabinet de M. Coré, directeur, et l'admonesta comme il le méritait.

Le gracié de M. Grévy lui répondit : « Je me plains du bouillon, il est trop clair ; des œufs, ils sont trop cuits ; et je veux du vin, car j'aime pas l'eau, ma santé en souffre. »

Le directeur remit au Préfet de police une corde que le prisonnier avait tressé avec des journaux.

Abadie s'empressa d'en tirer une autre de dessous son vêtement et la présentant à M. Andrieux, lui dit : « Voulez-vous la seconde confectionnée cette fois avec ma chemise ? Tant que je n'aurai pas de pantalons qui aillent mieux que ceux de votre tailleur de prison, je ferai des cordes pour les attacher. On ne veut pas me laisser mes journaux ; je les recevrai quand même et si vous tenez à lire celui auquel j'adresse ma correspondance secrète, le voilà ; il enveloppe le couvercle d'une boîte de sardines transformée en couteau bon à tous les usages. »

J'étais présent à l'entretien et M. Andrieux me remit la corde, le couvercle et la petite feuille du matin.

Abadie avait fait son métier du crime et comme Lemaitre, Bistor, Ménesclou, Marquelet, Albert et tant d'autres, il voulait s'emparer de la curiosité publique en écrivant des vers *mirlitonesques* et des mémoires pleins d'appétits brutaux.

Lacenaire avait le premier proclamé « son horreur du vide de ses poches ». Abadie répéta le cliché de ce charlatan criminel en y mêlant des phrases ayant cours dans le monde des assassins ; phrases systématisant le matérialisme féroce. On lit par exemple : « La vie est une bataille, je frappe quiconque me fait obstacle, c'est à vous, police, à compter mes morts. — Arrêté trop tôt, je n'ai pas joui longtemps de mes victoires sur la société. — Couper la tête à ceux qui possèdent afin que nous ayons de l'argent à notre tour. — Les forts mangent les faibles. »

Cette dernière citation, sur laquelle je m'arrête et qui arrêta, avant moi, tant de psychologues, semble avoir passé dans le langage des criminels. Les plus vulgaires comme les plus raffinés s'en servent comme d'un paravent et croient par elle pouvoir invoquer et obtenir toute excuse. Il est vraiment dommage que certains prétendus moralistes se soient donné la peine de la relever, sans eux, elle n'aurait pas atteint la valeur qu'on lui prête.

Abadie me dit un jour, à la prison de la Roquette :

— On ne meurt pas toujours d'une condamnation à mort, et on s'échappe de la Nouvelle.

— Que ferez-vous, si jamais vous redevenez libre, demandai-je?

— Je repiquerai *au truc* (1), répondit-il.

La Préfecture de police croyait en avoir fini avec les bandes de Gélinier, de Maillot-le-Jaune, de Robert et d'Abadie, lorsqu'une nouvelle association de malfaiteurs ayant pour chef Marquelet, dit Sans-Quartier, et Cornet, dit le Serrurier, jeta, du 13 au 29 octobre 1883, la terreur parmi les habitants de Neuilly et des localités avoisinantes. Chaque nuit on commettait des vols, à main armée, dans les maisons où les habitants étaient condamnés à une mort certaine si, par malheur, ils s'étaient réveillés.

_____

(1) Reprendre les anciens moyens d'existence.

M. Vérillon, commissaire de police, parvint à capturer une partie de la bande, mais, dans la nuit du 23 au 24 octobre, il fut blessé par Marquelet d'un coup de revolver.

Marquelet et Cornet ayant disparu, quatre jours après ils assassinèrent la dame Durand, âgée de 65 ans, cabaretière à l'Isle-Adam. C'est sa photographie qui, sur la planche 22, figure entre celles des assassins.

Le 23 août 1884, M. Quesnay de Beaurepaire, avocat général, rappela dans un énergique réquisitoire leurs sinistres plaisanteries sur l'âge de la cabaretière :

« Marquelet, dit-il, c'est l'audace et la forfanterie ; il ne baisse la tête que depuis qu'il est assis sur ce banc. »

Marquelet fut condamné aux travaux forcés et Cornet à la peine de mort.

On cherche vainement les motifs qui ont déterminé les jurés à faire obtenir à cette bête féroce les circonstances atténuantes. Lui et Cornet avaient consacré, suivant leur expression : « le mariage au sang », en enfonçant, après la mort de la cabaretière, leurs couteaux dans son cœur.

M. Grévy, imitant le jury, a gracié Cornet (1).

(1) **28 février 1890** : une dépêche de Nouméa arrivée hier à Paris annonce que Marquelet vient de s'évader.

Gamahut, âgé de vingt-trois ans, avec la complicité de trois récidivistes, comme lui, assassina la dame veuve Ballerich, adorée de ses enfants, deux fonctionnaires modèles. Condamné à mort le 11 mars 1885, son exécution eut lieu le 24 avril suivant.

Entre Marchandon et Gamahut se trouve le portrait de Marguerite Diblanc, domestique au service de Mme Riel, mère d'une artiste dramatique de la Comédie-Française, en résidence à Londres.

Le dimanche 7 avril 1872, à midi, elle se jeta sur sa maîtresse, l'étreignit à la gorge avec une telle violence que la mort fut instantanée. Au moyen d'une corde qu'elle passa autour du cou de sa victime, elle traîna le cadavre le long d'un escalier composé de vingt marches. Elle ouvrit le placard servant à la paneterie et y enferma le corps de Mme Riel.

Après avoir pris l'argent et les bijoux, la fille Diblanc quitta Londres et se rendit à Paris.

Deux détectives, Druscovich et Pay, secondés par l'inspecteur de sûreté Raviart, arrêtèrent la criminelle à Saint-Denis, et comme elle portait constamment des armes Druscovich en informa Raviart, qui répondit :

— Nous ne faisons pas attention à ces choses-là.

Druscovich reprit :

— Etre tué, ce n'est rien ; mais il faut que la police anglaise prenne le coupable *vif.*

Des difficultés surgirent au sujet de l'extradition de cette femme belge, arrêtée en France pour un crime commis à Londres.

Dans ces conditions, les lois françaises n'ordonnent que la conduite de l'accusée à la frontière belge ; mais les autorités de ce pays peuvent accorder l'extradition et la livrer au gouvernement anglais. Ce qui eut lieu.

La fille Diblanc fut condamnée, le 14 juin 1872, à être pendue le 1er juillet ; mais la Reine commua la peine en celle de la « servitude pénale à perpétuité ».

Déjà un autre sujet belge, Lathauwers, valet de chambre, âgé de 25 ans, avait assassiné Mme Lombard sous les yeux de son mari, paralytique, qui n'avait pu réclamer du secours, étant affligé d'un mutisme complet.

Par un raffinement de cruauté, le misérable, son crime accompli, s'était croisé les bras devant son maître et lui avait dit ironiquement :

— Qu'est-ce que Monsieur pense de ça?...

Le repris de justice Marchandon Charles, âgé de vingt-deux ans, valet de chambre, égorgeant pendant la nuit du 15 au 16 avril 1885, Mme Cornet, épouse d'un riche filateur, établi aux Indes, chez laquelle il avait été engagé la veille.

M. Kuehn, en apprenant ce crime odieux, s'écria en homme du métier : « C'est un coup à la Marchandon ; cette fois il n'a pas pu voler sans tuer. » Et les recherches qu'il dirigea très habilement amenèrent la prompte arrestation de cet individu. L'inspecteur principal Gaillarde le trouva en résidence à Compiègne.

Le 10 août, il fut exécuté.

A propos de ce crime, M. Bouniceau-Gesmon, juge à Paris, fit paraître un ouvrage plein d'enseignements, intitulé : *Domestiques et Maîtres*. « Il y a en France, écrit ce magistrat dans sa remarquable étude, 2.339.000 individus en service, dont un million et demi de femmes ; la domesticité tient une grande place dans la vie des familles et exerce une influence considérable dans l'éducation première des enfants.

» Les bureaux de placement n'offrent plus de garanties, et le choix d'un domestique devient un problème qui intéresse bien du monde. »

CRIME A LA TOUR DE MALAKOFF

PARIS Glyptographie SILVESTRE & Cie, rue Oberkampf, 97.

On parle souvent de l'œil des maîtres, et l'on ne se méfie pas assez des domestiques.

Depuis le crime de Marchandon, que d'attentats commis, surtout en province, par les gens à gages.

Les jeunes assassins domestiques font école.

Le souteneur Albert et la prostituée Hortense Louet, faisant l'objet de la planche 23, ont cruellement assassiné et volé leur bienfaitrice, âgée de soixante-quatre ans, gardienne des ruines de la tour Malakoff.

Cette tour, tombée sous le canon prussien, avait été bâtie, aux portes de Paris, en 1855, par M. Chauvelot, l'ancien rôtisseur de la rue Dauphine. Elle était devenue un rendez-vous champêtre où l'on dansait le dimanche.

Après le siège, les époux Peltier furent chargés de la surveillance des débris de l'immeuble.

Albert et sa maîtresse y couchèrent par charité, et leur chambre était située non loin de celle réservée aux gardiens.

Le 24 août 1876, la femme Peltier disparut, et, le 28, on retrouva son cadavre gisant au fond du puits. Son mari constata que les boucles d'oreilles, les bagues, la montre de sa femme lui avaient été enlevées.

Les soupçons se portèrent sur Albert, âgé de vingt-cinq ans, briquetier, que l'on supposait s'être réfugié en Belgique, son pays d'origine. Les recherches durèrent dix mois sans résultat favorable; on allait clore l'instruction quand, le 1ᵉʳ juillet 1877, l'assassin se constitua prisonnier. Il voulait se venger de sa concubine, qui, l'ayant poussé au crime, l'aurait abandonné pour suivre un autre amant.

La fille Louet, âgée de trente ans, fut arrêtée, et Albert rejeta sur elle la responsabilité du forfait; mais il est certain qu'ils ont, de concert, attiré leur victime dans la cave sous prétexte d'y rechercher des lapins perdus.

C'est là que, sans défense, la femme Peltier fut étranglée, et, comme la mort n'arrivait pas assez vite, Albert lui cogna la tête sur le sol.

Le 5 juillet, M. Georges Duval, architecte-expert, commis par la Justice, releva les plans des caves et du puits et constata, d'après les indications fournies par les accusés, que le cadavre de la femme Peltier avait été, à l'aide d'une corde passée sous les aisselles, traîné sur un espace de 30 mètres et dans un étroit chemin variant de 25 à 90 centimètres de largeur.

Les deux misérables, en raison des sinuosités du terrain, s'étaient attelés à la corde et s'y étaient repris trois fois, afin d'éviter la culbute du corps au fond du ravin bordant le côté gauche du sentier.

La photographie (planche 23) représente l'entrée des caveaux aboutissant à la sente rapide conduisant au puits. Quant au chapelet qui entoure les portraits, c'est celui de la victime, que la fille Hortense Louet, son ancienne ouvrière, lui avait demandé.

Que penser de cette fille qui excitait Albert au crime en lui disant : « A la guerre, on tue », et qui portait sur elle le chapelet de sa victime ?

Le 27 septembre 1877, Albert fut condamné à la peine de mort et la fille Louet aux travaux forcés.

M. Malher présidait et M. Lefebvre de Viefville occupait le siège du ministère public.

La tête d'Albert tomba le 25 octobre 1877, et, comme un orateur de la dernière heure, il voulut parler au pied de l'échafaud. On lui fit comprendre que cela était interdit; alors, il pria M. Jacob de lui serrer la main. Le Chef de la Sûreté s'étant empressé d'obtempérer à sa demande, Albert, ému, s'écria : « Je suis houreux, » et, s'adressant aux personnes présentes, il ajouta, en montrant M. Jacob : « C'est le plus brave des citoyens. »

Albert avait l'orgueil d'en bas, celui du ruisseau ; avec ses fanfaronnades, il s'est enferré en allant jusqu'à dire aux jurés : « Je vous offre, sans marchander, ma tête » ; puis, se rétractant, il réclama l'indulgence. Après avoir étranglé la femme Peltier, il écrivit, dans ses mémoires, cette phrase..., un rêve... : « J'ai l'habitude de respecter la mort. »

Voici le dernier tour de ce cabotin du crime : Dans sa cellule des condamnés à mort, il avait placé sous pli un papier secret qui devait mettre la Justice sur la trace des criminels recherchés, mais on ne devait en prendre connaissance que le jour où son pourvoi serait rejeté.

Le papier fut ouvert, il contenait ceci : « Faites arrêter l'exécuteur Roch, c'est l'homme qui me déplaît le plus au monde. »

Coché et Pouly, sur la planche 24, sont encadrés d'un foulard rouge et blanc ; avec cet instrument de *leur travail,* ils se procuraient des moyens d'existence en pratiquant ce qu'on appelle, dans l'argot des voleurs, « le coup du

père François » (1). Le premier a vingt-trois ans, le second, trente. Le 21 mai 1882, vers deux heures du matin, à Grenelle, passage Cépré, ils ont étranglé, à l'aide de ce foulard, le tâcheron Seguin. Ils s'emparèrent de la montre de cet honnête et bon travailleur, puis d'un porte-monnaie contenant 2 francs. Trois jours après le crime, M. Luccioni, commissaire de police, et les agents Bonnassi, Colona, Maignan et le sous-brigadier Vincencini arrêtèrent les deux étrangleurs, qui furent condamnés le 9 octobre suivant : Coché à la peine de mort et Pouly aux travaux forcés.

Coché obtint sa grâce et rejoignit, à Nouméa, son complice Pouly.

Les rôdeurs de barrières, qui vivent hors des rangs de la population laborieuse et en lutte permanente contre elle, ont chacun leur manière de travailler.

Dans les attaques nocturnes, pour accomplir les « coups à la dure » sans faire crier la la victime, il faut déployer de la force et beaucoup de sang-froid.

Coché me raconta comment il *accommodait le pékin à la mode du père François :* « Je fonds

---

(1) C'est un malfaiteur nommé François qui a commencé par se servir de la courroie pour étrangler les passants.

sur l'individu et je lui passe rapidement, soit un foulard, soit une ceinture autour du cou, puis, par un coup sec que je lui administre, il fait une pirouette, et nous nous trouvons dos à dos. Mon complice peut *ainsi le barbotter* sans crainte. Le nettoyage des poches opéré, je lâche le particulier, qui tombe inanimé, surpris, il n'a pas le temps de pousser un cri, et son asphyxie est souvent définitive. »

Il ajouta : « En argot, nous avons baptisé ce travail : le coup du foulard, de la rappe, du poignet, du brise-homme et du saut. »

« Il y a encore, continua Coché, le coup de tronche, du tromblon, de la tournique, du trognon, des plaques tournantes, de la bobine, de la poire, de la cabèche, des burettes, des bouillottes et de la cafetière ; il consiste à saisir la personne un peu au-dessus des épaules, de l'attirer vivement sur soi. Au même moment, on baisse la tête et on le cogne en pleine figure. Si le choc est bien porté, l'homme étourdi s'abat sans que l'on se soit fait le moindre mal. »

« Le plus terrible des moyens que nous employons entre nous pour vider nos querelles, dit en terminant ce professeur de « coups de la dure » est le *bouchage des carreaux*. Lorsque

l'adversaire paraît plus fort que vous il faut
saisir l'instant où sa figure est en face de la
vôtre, alors on écarte l'index et le médium et
on lance le bras avec vigueur juste au milieu
des yeux. Celui qui reçoit ce *coup-là* tombe
comme une masse. C'est un tour de coquin que
nous appelons : « coup de la fourche, de la
fourchette, des deux cormes », ou bien encore :
« casser les châssis, briser les lorgnettes. »

Casser des têtes, défoncer des poitrines, cre-
ver des yeux, lancer le lasso à la façon des In-
diens attrapant des chevaux sauvages, c'est une
guerre contre la société digne des Coché, des
Pouly et autres individus nés et grandis le long
des ruisseaux. Mais que dire des Barré, des Lebiez, élevés par d'honnêtes parents, n'ayant
reçu que d'excellents principes, une bonne éducation, et possédant des carrières libérales capables de leur procurer des moyens d'existence
honorables? Ils ne peuvent, comme les criminels ordinaires, invoquer l'excuse d'une enfance
malheureuse, ni les entraînements de l'abandon, ni les mauvais conseils. Si à la rigueur
on peut comprendre que des brutes fassent sou-
che d'assassins, il est inouï d'être obligé de
cueillir d'autres parasites au sein même des

meilleures familles. Pourtant Barré et Lebiez
nous donnent une preuve de cette anomalie.
Plus éclairés, par conséquent plus coupables,
rien n'atténue l'odieux de leur crime.

L'horreur de la vie régulière les a successivement dégradés en passant de l'indélicatesse
au vol et du vol à l'assassinat. Barré et Lebiez
étaient descendus si bas qu'ils fabriquaient des
fausses clés pour forcer des serrures. Barré
allait même jusqu'à voler l'argent des filles publiques.

Le 31 juillet 1878 la Cour d'assises les condamnait à la peine de mort pour avoir commis avec préméditation et guet-apens, un
homicide volontaire sur la personne de la
veuve Gillet.

Ce crime avait pour but de faciliter un vol
de valeurs.

Leur victime était une vieille laitière, sta-
tionnant sous une porte cochère de la rue
Paradis, et qui avait eu le malheur de confier
à Barré qu'elle possédait 14.000 francs de
titres.

Sur la planche 25, figure entre les portraits
de Lebiez et Barré le marteau en fer étroit et
long dont les ouvriers   ziers autrefois faisaient usage. C'est celui que Barré portait en-

veloppé dans du papier noir plié de manière à lui donner l'apparence d'un grand portefeuille. S'étant présenté rois fois au domicile de la veuve Gillet, et chaque fois des circonstances l'ayant empêché d'accomplir l'assassinat il fit venir cette femme pour lui apporter du lait à son agence rue d'Hauteville, et au moment où elle se penchait pour le verser dans un vase, Barré lui porta deux vigoureux coups de marteau sur la tête. Lebiez, afin d'accélérer la mort, s'arma d'un grattoir et lui en porta six coups dans la région du cœur.

La scène fut très courte.

Lebiez, étudiant en médecine, ne dépeça pas immédiatement le cadavre parce qu'il savait que deux heures après le dernier soupir le sang coulerait moins abondamment. Ils allèrent passer ce temps au café.

— Va prendre les valeurs de la vieille pendant que je vais faire la *besogne*, dit Lebiez à Barré.

Et cette besogne consistait à détacher avec un rasoir, la tête, les bras, les jambes et à entasser tous ces débris dans la malle de Barré.

Au retour de son complice, Lebiez lui dit :

— C'est dommage que la tête soit endommagée par les cassures du marteau, je l'aurais vendue 25 francs.

17.

M. Mathieu de Vienne, président des assises, rappela le système philosophique de Lebiez développé par lui dans sa conférence à la salle d'Arras quelques jours après l'exécution du crime.

Lebiez, ayant débuté par des considérations sur la religion et ses ministres, termina en ces termes :

« Devant une énumération semblable, on se demande comment tant d'espèces pourraient exister côte à côte, comme cela a lieu actuellement. Quatre ou cinq espèces suffiraient pour couvrir la surface de la terre, et comme la loi de Malthus est applicable à la vie végétale, il en résulterait qu'une vingtaine d'espèces animales et végétales suffiraient à garnir de leurs individus la surface de la terre. Ce qui pourtant n'a pas lieu ; bien au contraire.

» L'équilibre, en effet, existe ; mais il ne s'entretient que grâce à d'innombrables et fréquentes hécatombes dont la cause a fort bien été définie par Darwin. Le grand savant nommé ce grand mouvement : « le combat, la lutte pour la vie ». On l'a nommé en France la « concurrence vitale. »

» Tout être tend à prendre sa place au soleil ; mais, au banquet de la nature, il n'y a pas place pour tous les convives, il n'y a pas de couverts mis pour tout le monde ; chacun lutte pour se faire place ; le plus fort tend à étouffer le plus faible. »

C'est la raison, sans doute, pour laquelle il avait tué la veuve Gillet. Et cet athée, ce matérialiste, qui avait oublié que la meilleure manière de lutter pour la vie réside dans le travail, a, par crainte de la mort, signé son recours en grâce. Il a sollicité le droit de vivre, lui qui tuait pour vivre. Heureusement que son complice et lui furent exécutés le 7 septembre 1878.

Ces découpeurs de femmes amènent naturellement à parler de l'ancien cent-garde, l'ex-gardien de la paix Prévost qui attira, le 10 septembre 1879, dans sa chambre, le bijoutier Lenoble, honorable père de famille, pour l'assommer avec une masse de fer dite « boucle de tender », le dépecer et lui voler ses marchandises. Cette boucle de tender est reproduite (planche 25) entre la victime et son assassin. La photographie ovale représente le malheureux Lenoble.

Déjà le 27 février 1876 Prévost, avait, à la suite d'un déjeuner, assommé à coups de marteau sa maîtresse Adèle Blondin pour s'emparer d'une somme de 3.000 fr. qu'elle destinait à l'achat d'un fonds de commerce. Il découpa son cadavre, en jeta les morceaux dans les égouts et enterra la tête sur le talus des fortifications près de la porte de la Chapelle.

Arrêté par M. Lefébure, commissaire de police, Prévost fut exécuté le 19 janvier 1880.

Cet homme sans pitié a été courageux pour mourir.

Au marteau de Barré, à la boucle de tender de Prévost succède (planche 25) le syphon de Foulloy.

Ce garçon au service de M. Joubert, marchand de vins, rue Fontaine-au-Roi, informa son patron le dimanche 13 juin 1880, vers neuf heures du soir que du vin s'échappait d'un tonneau et, pour faire croire à ce mensonge, il avait ouvert la annelle et répandu un peu de ce liquide sur la terre. M. Joubert descendit dans sa cave, se baissa pour examiner le robinet, alors Foulloy le frappa sur la tête avec le syphon qui se brisa par la violence des coups portés.

Le lendemain on trouva le corps de Joubert étendu sans vie au milieu d'une mare de sang. Son visage ne formait qu'une plaie hideuse, les

Votre mari et la
Bonne faisant
résistance j'étais obligé
de les tuer.
Je regrette maintenant
ce que j'ai fait et je m'aperçois
si j'arrive à une fortune,
que j'espère de refaire tout
mal que j'ai fait et j'ai mais
la vie ne se rachète pas

os étaient broyés et se mêlaient aux chairs écrasées.

Le crime accompli, Foulloy dévalisa son maître et se rendit à Strasbourg où il croyait son extradition impossible. Arrêté dans cette ville, le 16 juin, il fut condamné à la peine de mort le 29 octobre, et gracié suivant l'habitude adopté pour les jeunes criminels.

La photographie de Foulloy le représente sans cravate, précaution que l'on prend pour éviter les suicides possibles des criminels. Les mains placées à droite et à gauche de la face montrent les blessures faites par le bris du syphon. Le doigt médium est enveloppé d'un linge.

Avant Foulloy, l'introuvable Walder s'était armé d'un instrument professionnel pour tuer deux personnes : son maître et une bonne âgée de dix-huit ans.

La planche 26 reproduit :

1° Les portraits de cet assassin avec et sans barbe ;

2° Le pilon ayant servi pour commettre ce double assassinat ;

3° Le fac-simile d'une lettre à Mme Lagrange, sa patronne.

L'enquête dirigée par M. Cazeneuve, commissaire de police, a démontré que le dimanche 5 octobre 1879, entre quatre et cinq heures de l'après-midi, M. Lagrange et sa bonne, Zélie Gaillot, ont été surpris et successivement assommés dans le laboratoire servant de cuisine. Les victimes portaient chacune, au-dessus de la tempe, de profondes blessures qui avaient dû amener rapidement la mort.

Le mortier contenait le pilon auquel adhéraient les cheveux du pharmacien et de sa bonne.

Le vol était le mobile de ce double crime, car la cassette en fer contenant les valeurs des époux Lagrange était fracturée et vide.

L'autopsie des cadavres n'a révélé aucun fait particulier.

Le signalement du coupable fut transmis dans toutes les directions et la presse le reproduisit ainsi que les portraits.

L'heure à laquelle Walder avait dû quitter la pharmacie coïncidait avec le départ du train de onze heures du soir, à destination du Havre. Les magistrats instructeurs supposèrent que le criminel était parti de ce côté, d'autant plus que la lettre écrite par lui à Mme Lagrange, était timbrée : « Paris au Havre, 5 octobre 1879. » Elle est arrivée place Beauvau le 6, à neuf heures du matin. Cette lettre avait donc été mise dans la boîte du wagon-poste ou dans une des boîtes placées aux intérieurs des gares de Houilles, Maisons, Poissy, Meulan, car, à partir de cette dernière ville, en raison de l'heure, les timbres changeant de date, au lieu du 5 octobre, la lettre présentée à la pharmacie aurait dû porter celui du 6.

Walder est revenu plusieurs fois coucher à Paris, notamment dans l'hôtel de la Cour Bony, et, grâce à la négligence des inspecteurs surveillant les maisons meublées, on ne l'a pas pris.

A cette époque, le personnel des garnis et des mœurs avait pour chef direct M. Caubet, et l'ordre était donné de ne fournir aucun renseignement sans son visa.

Voici une copie de la pièce que je lui envoyai au sujet de cet assassin :

COMMISSARIAT DE POLICE
DU SERVICE DE SURETÉ

—

Double Assassinat.

—

Mandat d'amener contre Arnold Walder, décerné par
M. Guillot, juge d'instruction.

—

Photographies jointes.

—o—

Paris, le 6 octobre 1879.

Monsieur le Chef de la police municipale est prié de
vouloir bien donner des instructions à l'effet de faire
rechercher dans les hôtels garnis, maisons de tolérance
et autres lieux publics, le nommé Walder (Arnold),
élève en pharmacie, âgé de 23 ans, originaire du can-
ton de Zurich (Suisse). — Taille : 1m69 c., assez fort. —
Cheveux châtains courts, frisés; yeux gris, petits et très
vifs. Mains très fortes et devant porter des traces récentes de coupures. Ongles courts. Chaussé de souliers
napolitains. Coiffé ordinairement d'un chapeau haut de
forme. La barbe entière, un peu longue, a dû être coupée ou arrangée. Quelques dents de devant, à la mâchoire inférieure, sont abîmées vers la racine.

Walder porte un suspensoir, il fume la cigarette.

La jalousie, la méfiance, régnaient alors à la
police municipale et le Chef de la sûreté n'avait,
pas plus que ses agents, le droit de sortir du département de la Seine sans subir un examen
approfondi sur l'utilité d'un déplacement. Aussi
lui fallut-il trois jours pour obtenir l'autorisa-

tion de se rendre à Versailles rechercher Walder, qu'on savait momentanément s'y trouver.

Aujourd'hui, par un excès contraire, les agents poursuivent jusqu'à New-York et au-delà l'assassin de l'huissier de la rue Montmartre.

De 1879 à 1884, les renseignements demandés aux Officiers de paix des garnis et des mœurs arrivaient lorsque les individus signalés étaient partis depuis vingt-quatre ou quarante-huit heures. C'est ainsi que Walder a pu, sans être inquiété, coucher la deuxième nuit qui a suivi son double crime dans un garni sous le nom de Walter.

Parmi les ordres du jour lus dans tous les services de la police municipale se trouve, à la date du 28 novembre 1879, cette mention :

L'inspecteur des garnis L.... a été privé de traitement pendant trois jours pour la négligence grave dont il s'est rendu coupable en ne communiquant pas à un grand nombre de logeurs le signalement d'un individu inculpé d'assassinats et pour avoir omis de viser régulièrement les livres de police.

Signé : *Le Chef de la Police municipale,*
CAUBET.

Lorsqu'on laisse échapper un grand malfai
teur, il est difficile de le reprendre, et jamais
affaire criminelle n'a mieux prouvé la puissance
ou plutôt l'impuissance d'une police municipale aux mains d'un directeur insuffisant.

Walder s'est-il réfugié dans des pays où aucune loi, aucun traité d'extradition n'écartent
les criminels étrangers? Il est encore beaucoup de villes, même en Europe, dans ces conditions, je me garde de les désigner. Ou bien,
ainsi que Jud et d'autres virtuoses du crime im-
puni, sert-il de barnum à quelque faux souve-
rain exotique, comme on est susceptible d'en
voir aux expositions universelles?

Après l'élève en pharmacie qui tue son patron pour le voler, voici le pharmacien qui,
par vengeance, assomme, ligote, bâillonne et
jette à l'eau son élève.

Les accessoires de ce drame, sans précédent,
encadrent (planche 27) les portraits des meurtriers et celui de leur victime. On y voit figurer
la corde, avec anneau et crochet, ayant facilité
la descente du corps dans le fleuve, la canne à
épée qui traversa le cœur, le marteau qui
fractura le crâne, l'épingle anglaise, en forme de
broche, qui maintint le bâillon, enfin le plomb

aplati et la petite corde ayant entouré le cadavre.

Le couple Fenayrou a dû souvent songer que, malgré toutes les précautions prises pour dissimuler un crime, la Seine ne conserve pas toujours les horribles dépôts qu'on lui confie.

Marin Fenayrou, en apprenant que le cadavre d'Aubert avait surnagé, s'écria : « Cependant j'ai bien calculé le poids du plomb, il devait l'empêcher de revenir à la surface. » Puis il ajouta, après une pause : « Comme soupape de sûreté, j'aurais dû ouvrir plusieurs boutonnières dans le ventre. »

Cette dramatique affaire, avec sa lugubre mise en scène, son guet-apens, le choix des moyens pour amener cruellement la mort, le raffinement dans l'assassinat et la position sociale des criminels, tout cela étonne et confond la raison ; aussi ce crime, mélangé de circonstances romanesques, restera-t-il classé parmi les causes célèbres. La Justice a consacré au procès six audiences, trois à Versailles et trois à Paris. Eh bien ! tout n'a pas été dit et ne pouvait être dit. Les avocats en renom, MM. Edgar Demange, Clément de Royer, Albert Danet et Félix Bouchot, qui ont successivement pris la parole pour ou contre les accusés, me comprendront.

Il y avait des enfants qui sont aujourd'hui des hommes; ils ont changé de nom, mais leur cœur est resté fidèle au souvenir maternel.

Quel lamentable phénomène que cette femme Fenayrou tuant son amant avec la même facilité qu'elle trompa son mari : sans savoir pourquoi! C'est peut-être une curieuse qui cherchai des sensations qu'elle n'avait pas éprouvées.

Marin et Gabrielle Fenayrou ont été, le 14 octobre 1882, condamnés aux travaux forcés.

Gabrielle, après son séjour réglementaire à la prison centrale de Clermont. rejoindra-t-elle son mari, pharmacien à Bourail? ou attendra-t-elle que sa peine soit commuée pour retourner chez sa mère? Encore un nouveau problème psychologique à résoudre.

Si l'eau a rejeté le cadavre d'Aubert pour perdre les Fenayrou, la terre, à son tour, n'a pas conservé les cadavres qui accusaient Troppmann.

L'infamie ne nuit pas aux célébrités bruyantes; au contraire, il est des crimes qui se transforment en légendes.

L'histoire de Troppmann, plus connue de la foule que celle d'illustres bienfaiteurs de l'humanité, quoique trouvant place ici, me semble

ınutile à raconter ; aussi ne donnerai-je que le portrait du personnage (planche 28), pris dans sa cellule, à la prison de Mazas, et ses mains légendaires, grossières comme sa signature.

Six sur huit de ses victimes figurent au-dessous de lui. La mère, Mme Kinck, est entourée de ses cinq enfants ; et à ce funèbre tableau, il manque encore le mari et le fils aîné, dont les corps étaient tellement décomposés que M. Richebourg, photographe, n'a pu en tirer que des épreuves méconnaissables.

A l'âge de vingt ans, Troppmann, par amour de l'argent, extermine une famille entière, et, pour accomplir son abominable tuerie, il se sert d'acide prussique, de couteaux, de pelles, de pioches et surtout de ses mains, qu'il plonge dans les plaies de ses victimes, afin d'en arracher le larynx. Ce bourreau n'aimait pas à entendre crier.

M. Tramond, préparateur aux Facultés (anatomie et histoire naturelle), a moulé la main droite de cette monstrueuse exception de l'espèce humaine : large, épaisse, commune ; les doigts et notamment le pouce n'ont pas cette longueur extraordinaire qu'on leur attribuait. N'a-t-on pas écrit et répété qu'il possédait des *mains d'assassin ?* (V. pl. 28.)

Dans la chiromancie populaire, le pouce joue un très grand rôle, il représente la *volonté,* la *force,* le *désir sensuel;* lorsque la phalange onglée est courte, large, elle annonce l'entêtement violent, le caractère sauvage, des colères dangereuses. Cette forme de pouces est *attribuée aux assassins;* aussi ceux de Troppmann ont-ils leur place marquée chez les chiromanciens.

Malgré son incomparable talent, Me Lachaud ne put atténuer l'horreur universelle inspirée par les crimes de Troppmann ; c'était une lourde tâche pour cet homme de cœur.

Le 29 décembre 1869, le grand coupable, condamné à la peine de mort, eut l'audace de signer un recours en grâce; mais, malheureusement pour lui, nous n'avions pas M. Grévy, « papa Gracias », comme l'appelaient MM. les Assassins, et sa tête tomba le 19 janvier 1870.

Au milieu de nos mœurs bourgeoises et des progrès de la civilisation, il existe encore des forfaits surhumains, des crimes inexpiables.

Sur la planche 29, figurent les auteurs du plus lâche des attentats : deux tueurs et une tueuse d'enfants.

Mes lecteurs n'ont pas oublié l'émouvant drame du pont de l'Estacade, où, pendant la

Vue en aval du pont de l'Estacade.

L'individu que l'on voit sur le pont est placé à l'endroit où se trouvait l'assassin quand il a jeté sa victime à l'eau.

PARIS

nuit du 3 au 4 janvier 1882, c'est-à-dire en plein cœur de l'hiver, une fillette a été jetée dans la Seine par son beau-père, portant le doux nom de Rossignol.

Par miracle, la charmante et gracieuse enfant fut sauvée.

Le 9 février, jour des constatations sur le pont de l'Estacade, M. Adam, juge d'instruction, fit raconter cette scène par la victime, Clémence Bouffard, âgée de neuf ans.

Je la transcris à cause de sa simplicité :

« *Mon père*, le 3 janvier, m'a conduite dans des cabarets, où il a fumé et joué aux cartes avec des individus que je ne connaissais pas. A une heure du matin, après avoir marché long-temps, nous sommes arrivés ici, et il m'a dit : « Tiens, voilà le pont tremblant. »

— Qu'est-ce que le pont tremblant ? ai-je demandé.

— Eh bien ! c'est le pont qui tremble, a-t-il répondu.

— S'il tremble, j'ai peur et je ne veux pas y passer.

— Si, viens toujours et regarde derrière toi s'il y a quelqu'un.

— Je ne vois personne.

Au milieu du pont, à l'endroit où nous

sommes, il m'a prise par *les jupons,* en cherchant à me soulever. Comprenant qu'il voulait me faire du mal, je me suis défendue, j'ai crié tout en me cramponnant à la barre de bois, mais il m'a décroché les mains l'une après l'autre et... je ne me rappelle plus ce qui s'est passé.

Clémence, à ce moment de son récit, est si profondément émue que sa voix s'éteint. De grosses larmes coulent le long de ses joues amaigries par la maladie qui a suivi sa projection dans le fleuve.

M. Adam reprit doucement :

— Votre beau-père vous frappait-il ?

— Non, monsieur.

— Vous aimait-il ?

— Pas beaucoup. Quand je voulais l'embrasser, il détournait la tête, et, lorsque je n'étais pas sage, il me tirait les oreilles, *sans me faire du mal.*

Rossignol Sylvestre, être égoïste, paresseux, sans cœur, ivrogne et cupide, convoitait un héritage. Sa belle-fille était l'obstacle qu'il fallait supprimer.

La pitié manqua aussi à Moyaux, cet autre scélérat qui, par haine de sa femme, s'est cruellement vengé en jetant sa fille, âgée de quatre ans, au fond d'un puits, à Bagneux.

Après quinze heures d'horribles souffrances, l'enfant mourut.

Son cadavre, transporté à la Morgue, fut reconnu, et M. Princet, juge d'instruction, décerna contre Moyaux un mandat d'amener.

Un honorable citoyen, M. Dever, ayant découvert le criminel malgré son changement de costume, le livra aux gardiens de la paix. Les portraits de Moyaux, avant et après son crime, sont reproduits au bas de la planche 29.

Rossignol et Moyaux ayant obtenu le bénéfice des circonstances atténuantes, sont partis à la Nouvelle-Calédonie.

La fille galante Amélie Porte (planche 29), après avoir étranglé son fils âgé de cinq ans, le dissimula dix années. La caisse servant de sépulture, fabriquée par elle, ne quittait pas sa chambre à coucher.

Deux mois avant son arrestation, ses meubles furent vendus par autorité de justice, c'est alors qu'elle se réfugia, avec son funèbre colis, dans les maisons meublées. Elle disparut, la caisse fut ouverte, et l'on y vit l'ossature d'un petit enfant.

La police la retrouva sous un faux nom à Saint-Lazare, où elle mourut le 20 décembre 1882, âgée de trente-quatre ans.

Sans savoir au juste le mobile de son crime, on suppose que c'était afin de cacher cet enfant à un mari qui en ignorait l'existence.

Nous venons de dépeindre cette triste partie de la jeunesse vicieuse, et c'est avec intention que nous l'avons fait suivre d'un groupe d'assassins, plus âgés, appartenant aux diverses classes de l'échelle sociale. Il ne nous reste, pour compléter ce sombre tableau exempt de toute grandeur, qu'à y ajouter ce qu'on appelle « les vieux criminels ».

Dans la première série, formant la planche 30, figurent les époux Dumollard, Jud, Avinain, Lapommerais, Philippe, Grimal et Thouviot.

Dumollard, sous le prétexte d'amener des servantes à son maître, soi-disant propriétaire d'un château près de Trévoux, leur faisait traverser des bois pour les assommer, les violer, les dépouiller et les enfouir.

De 1855 à 1861 il a pu circuler de Montluel à Lyon, puis à Neuville, à Meximieux, à Bourg, et commettre trois assassinats et neuf tentatives de meurtre sans jamais être inquiété.

Sa femme recélait les bijoux et les effets des victimes.

Le 20 janvier 1862 la Cour d'assises du dé-

partement de l'Ain condamna Dumollard à la peine de mort et sa digne compagne à vingt années de travaux forcés.

Dumollard fut exécuté le **8 mars**, sur la place publique de Montluel (Ain).

Trente ans se sont écoulés, et l'on parle de Jud comme de Lacenaire, Papavoine, Collignon, Troppmann, Avinain ; comme on parlera de Godefroy, de la veuve Gras, de Barré, Lebiez, Fenayrou, Pranzini et Prado, genre d'assassins innovateurs de procédés d'extermination que nos ancêtres ne connaissaient point.

Jud a commencé la liste déjà longue des meurtres commis sur les chemins de fer en cours de marche.

M. Barrême, l'ex-préfet du département de l'Eure, assassiné le 13 janvier 1886, entre Paris et Mantes, serait-il par hasard sa dernière victime ? Ce qui est certain, c'est que le 6 décembre 1860 il tuait, dans un compartiment de première classe, M. Poinsot, président de la 4ᵉ chambre de la Cour impériale de Paris.

Deux mois auparavant il avait tenté d'assommer en wagon un médecin militaire russe. Arrêté pour ce fait, il parvint à s'évader de la chambre de sûreté de Ferrette, son pays natal, et depuis il est resté insaisissable.

Par contumace, on le condamna à la peine de mort.

J'ai souvent causé de cet assassin avec M. Loew, mon ancien Procureur général; à son avis, la culpabilité de Jud n'est pas douteuse. Il l'a plusieurs fois interrogé en Alsace après la tentative d'assassinat sur le sujet russe.

Avinain, coiffé d'un chapeau bas, a, le 16 mars et le 26 juin 1867, tué et dépecé, pour les voler, le grainetier Vincent et le cultivateur Duguet.

Ce sinistre découpeur d'hommes, le matin de son exécution (28 novembre 1867), a traité l'exécuteur et ses aides de *lâches* pour la lenteur qu'ils apportaient aux détails de la toilette obligatoire.

Au pied de l'échafaud, il a dit en souriant aux officiers de service : « Adieu, Messieurs »; et se tournant vers le public il ajouta d'un ton sentencieux : « N'avouez jamais! »

Au boucher Avinain, âgé de soixante-huit ans, type grossier, vulgaire, succède le docteur Couty de la Pommerais, âgé de trente-quatre ans, beau garçon, avec des favoris noirs superbes et des yeux très doux, qui contrastent singulièrement avec ceux de son voisin le dépeceur. Il fut exécuté, le 9 juin 1864, pour avoir empoisonné, avec de la digitaline, sa maîtresse, Mme veuve de Pauw. La Pommerais venait de lui faire contracter une forte assurance sur la vie, dont il eut hâte de profiter.

Me Lachaud disputa aux jurés la tête de son client avec une vigueur incroyable, et le procès ne dura pas moins de huit jours.

Philippe, exécuté le 24 juillet 1866, avait de 1862 à 1865, tué trois femmes inscrites sur le contrôle de la prostitution. En douze minutes il racolait une fille, la possédait, lui coupait la gorge, se lavait les mains, s'emparait de l'argent, des bijoux et disparaissait.

La preuve en a été faite par des constatations judiciaires, notamment chez la fille assassinée rue de la Ville-l'Evêque.

Le crime au vitriol est le plus facile à commettre. Par esprit d'imitation, Grimal s'en est servi pour se venger de Doërr. Ils n'étaient pas d'accord sur la valeur littéraire des *Mystères de Paris,* d'Eugène Sue, et dans le feu de la discussion Doërr traita Grimal de « Chourineur ».

Grimal et Doërr, compatriotes et chiffonniers ambulants, habitaient l'impasse de l'Avenir, voie privée du XIIIe arrondissement.

Le 24 juin 1878, Doërr dormait le nez en

l'air, la bouche ouverte, sur un tapis étendu devant l'entrée de sa chambre, sise au rez-de-chaussée. Grimal en profita pour lui verser entre les lèvres le contenu d'un flacon d'acide sulfurique, puis il alla boire de l'eau-de-vie et se constituer prisonnier en disant : « Je veux qu'on me guillotine... J'ai tué mon ami Doërr ».

Transporté à l'hôpital, le vitriolé expira le lendemain.

Le jour des constatations au domicile de la victime, j'entendis le dialogue suivant :

— Vous n'avez plus d'homme, disait Grimal à la veuve Doërr.

— Ma foi non, répondit-elle.

— Il faisait, comme nous, partie de la famille du pavé !

— Ça, c'est bien vrai.

— Quel bon b... il aimait la goutte !

— Vous lui en avez fait boire une drôle.

— Une goutte inconnue au chourineur.

— Vous n'êtes qu'un misérable.

— Louise, vous avez tort.

— Vous vouliez vous marier avec moi !

— Non... Vous méprisiez trop votre homme.

— François, vous périrez sur l'échafaud.

— Ou en exil. En attendant pas de *pétard* et *rabibochons-nous* à la bouteille.

Louise et François burent un verre de vin.

Me Comby, cherchant à sauver son client, expliqua aux jurés qu'ils se trouvaient en présence d'un alcoolique ; mais comme le vitriol commençait à entrer par trop dans les vengeances de filles abandonnées ils se montrèrent impitoyables et Grimal fut condamné aux travaux forcés.

Thouviot, âgé de 27 ans, ancien élève du collège Chaptal, n'était pas comme Grimal un alcoolique mais un monomane du crime qui, de sang-froid, assassina une domestique qu'il voyait pour la première fois.

Le 12 juin 1874, vers deux heures, il entra chez M. Gautier, restaurateur, 7, rue Cujas, pour se faire servir à déjeuner. Son repas terminé, il demanda l'addition.

Une servante, Marie Cotard, la lui présenta ; il se lève et sans prononcer une parole enfonce un long couteau-poignard dans le cœur de cette femme.

Pendant le déjeuner il avait écrit dans son carnet les lignes suivantes :

« Depuis 1866 je suis poursuivi par l'idée de commettre un crime. Le moment est arrivé, il faut que je me satisfasse. Voici deux personnes au comptoir, laquelle vais-je tuer ? La domestique ou la patronne? Peu m'importe ; il faut que l'une ou l'autre y passe. Je tuerai celle qui m'apportera la note. »

— Vous aviez donc votre poignard ouvert? lui demanda M. Leclerc, commissaire de police.

Thouviot répondit :

— Parbleu ! c'est avec ce poignard que j'ai taillé le crayon pour écrire *mon idée fixe*.

Le docteur Lasègue ayant examiné l'état mental de Thouviot conclut à la folie impulsive.

Le 25 juin 1881, Thouviot fut trouvé pendu dans sa cellule, à Bicêtre.

La deuxième série (planche 31) comprend les meurtriers Martin, Campi, Gervais, Béghein, Blin, Pel, Lantz, Roulet et Dauga.

Martin, brocanteur, rue Saint-Lazare, a commis un meurtre suivi de vol avec préméditation et guet-apens. Dans sa boutique, vers deux heures de relevée, il enfonçait un couteau genre yatagan dans la poitrine du garçon de recettes Sebalte, porteur de 18.000 francs.

M. de Lens, docteur en médecine, requis par la Justice, constata que cette arme terrible avait traversé le poumon.

Le 8 juillet 1878, Martin s'est trouvé en pré-

sence d'un jury qui, lui ayant accordé des circonstaɔces atténuantes, ne le fit condamner qu'aux travaux forcés.

Le 10 août 1883, à trois heures de l'après-midi, un individu, maigre, au teint basané, pénétrait au domicile de M. Ducros de Sixt, 7, rue du Regard, en se servant du nom de la domestique qu'il savait absente.

Au moment où la sœur de M. Ducros allait remettre le secours d'argent demandé par cet homme, celui-ci tirant de la poche de son paletot une massette à l'usage des casseurs de pierre, fractura le crâne de la pauvre femme. Le frère de Mlle Ducros accourut et subit le même sort, mais les cris poussés par les victimes attirèrent le concierge, et l'assassin, arrêté en flagrant délit ne répondit que par des signes aux premières questions posées par M. Dumanchin, commissaire de police.

Quel était cet homme couvert de vêtements sordides et sur lequel on avait saisi le bagage du vagabond criminel : un couteau à virole, un peigne édenté, une serviette, une mauvaise brosse, une petite glace dite « mirette » et un morceau de savon ?

M. Quesnay de Beaurepaire, avocat général, le fit connaître à l'audience du 24 mars 1884, en réclamant du jury un verdict impitoyable.

« L'accusé que vous avez devant vous, dit l'éloquent magistrat, ne s'appelle pas, comme il l'a toujours prétendu, Michel Campi. Sa vie est entourée de mystères ; mais que nous importe son véritable nom ? il s'en est donné un qui lui restera : Campi est suffisant pour désigner l'assommeur de vieillards inoffensifs et l'assassin de la rue du Regard ».

Le soi-disant Campi ne connaissait pas plus la domestique que M. Ducros de Sixt et sa sœur ; il avait un complice, car comment aurait-il pu savoir que la servante assistait à une distribution de prix ? Est-ce par ce même indicateur qu'il apprit que M. Ducros était l'auteur d'une brochure intitulée : *les Chants du droit et de l'épée ?*

Dans la soirée qui suivit son arrestation, il parlait aux agents de cette brochure, parue en 1874.

La physionomie de Campi avait des aspects changeants : de féroce elle devenait douce et souvent ironique ; sa démarche était celle d'un marin, et, debout, il se tenait les jambes écartées. Cet assassin a beaucoup voyagé, notamment dans les Pays-Bas. Exécuté le 30 avril 1884, il a, jusqu'au bout, conservé un respectueux souvenir à l'égard de sa famille, qu'il s'est obstiné à ne pas faire connaître.

M° Laguerre, son habile défenseur, fidèle gardien du secret professionnel, n'ignore pas que les magistrats et les fonctionnaires qui ont, de loin ou de près, été mêlés à cette affaire sont aujourd'hui fixés sur l'identité de « l'assassin de la rue du Regard. »

Le maçon Gervais, veuf et propriétaire d'une maison à Bois-Colombes, vivait maritalement avec la veuve Bonnerue, beaucoup plus âgée que lui. Cette femme portait sur elle des valeurs qu'il convoitait. Ne pouvant les obtenir par la persuasion, il résolut de s'en rendre maître par un autre moyen. L'ayant enivrée, il fit un trou dans sa cave et l'y enterra vivante.

La veuve Bonnerue, seule au monde, adorait un superbe perroquet. Cet animal perdit l'assassin.

A d'indiscrets voisins, Gervais avait dit : « Ma maîtresse est partie à Saverne, elle ne veut plus d'autre compagnon que son oiseau favori, et je vais en profiter pour me remarier. » En effet, il prit femme, mais, le jour de ses noces, la jeune mariée raconta étourdiment que son mari avait vendu 50 francs le perroquet de la veuve Bonnerue.

Ces propos étant parvenus jusqu'au procureur de la République, M. Ragon, juge d'instruction, commença l'enquête. Ce magistrat, d'une intelligence élevée, parvint à grouper des faits accablants contre Gervais, qui fut arrêté. On retrouva sa victime nue, les poings crispés par l'attitude de la résistance.

Gervais, âgé de quarante-six ans, fut exécuté le 12 août 1876.

Béghein et Blin, repris de justice, s'étaient entendus, à Mazas, pour dévaliser les magasins de M. Prestrot, bijoutier, au Palais-Royal.

Le dimanche 13 mai 1883, Béghein, qui connaissait les êtres de la maison, introduisit son complice par une porte ouvrant sur la rue Montpensier. Tous deux se jetèrent sur Césarine Lorrière, la domestique, et l'étranglèrent avec des courroies semblables à celles servant au transport des couvertures de voyage.

Les assassins s'emparèrent des bijoux, représentant une valeur de 45.000 francs, et prirent le chemin de l'étranger.

Arrêtés à Bruxelles, Béghein, d'origine belge, voulut se faire juger dans son pays, et la Cour d'assises du Brabant le condamna, le 20 novembre 1883, à la peine de mort.

Blin, de nationalité française, réclama l'extradition, et, le 15 mars 1884, la Cour d'assises de la Seine, présidée par M. de Thévenard, ne lui infligeait, malgré ses déplorables antécédents, que la peine des travaux forcés.

Béghein ne fut pas exécuté.

Pel, horloger, à Montreuil, empoisonnait ses servantes-maîtresses pour avoir le plaisir d'en changer et de se livrer à des expériences de crémation. Il fait partie des forçats de la Nouvelle-Calédonie depuis le 15 août 1885.

Pour le voler Pierre Lantz, garçon boulanger, étrangla son père, vieillard infirme, doux, inoffensif, puis dans un accès de frénésie abominable il le souilla par des actes honteux.

Ce parricide fut exécuté le 31 mars 1882.

Le frotteur Roulet, avec sa figure entièrement rasée, lui donnant l'air d'un vieux cabotin non fardé, s'est, le 27 janvier 1883, introduit vers midi chez M. Plum, avocat à la Cour d'appel, 3, rue Bourdaloue, et, saisissant la domestique par le cou, il lui plongea un énorme couteau dans la poitrine.

Cette fille avant de mourir eut la force de crier : « Au secours! » Roulet ayant eu peur disparut sans avoir commis le vol qu'il préméditait.

L'agent de la sûreté, Bleuze, prit le costume.

les instruments des frotteurs, et se mit en relations avec eux, c'est ainsi qu'il parvint à découvrir Roulet réfugié chez des compatriotes.

Bleuze se présenta seul et pria son confrère
de lui donner un coup de main pour cirer un
grand salon.

Sur le quai de l'Horloge, Roulet lui demanda : « Où allons-nous ? »

— Au Parquet, répondit l'inspecteur, c'est là
que nous allons frotter.

Condamné a la peine de mort le 28 mai
1883, ce vieil assassin obtint sa grâce.

Pendant vingt années, l'ancien gendarme
Jean Dauga sema dix cadavres sur sa route.
Depuis Dumollard et Troppmann nul criminel
n'avait eu à son actif une telle série de forfaits.
A l'époque de son arrestation les habitants de
Pont-à-Mousson et des villes voisines en furent
terrorisés. Pour lui ce n'était qu'un intermède,
entre deux parties de cartes, que d'aller assassiner une vieille femme. Après l'avoir volé,
heureux de son habile tour de main, il revenait
tranquillement reprendre sa place au jeu.

L'inspecteur Jaume l'ayant saisi à Epinal, il
fut exécuté le 23 janvier 1890.

La classification de ce travail m'oblige à re-

venir à la Morgue pour expliquer la présence des cadavres composant la planche 32.

L'homme et la femme, que l'on voit, séparés par un marteau de cordonnier, vivaient en concubinage ; la femme, mariée, se cachait sous un faux nom et changeait de domicile chaque semaine. Enfin son mari qui l'avait cherché infructueusement, la retrouva ayant la tête fracassée, et le corps étendu sur la table servant aux autopsies judiciaires. On rechercha l'assassin, et Barthelemy, le garçon de la Morgue, découvrit le coupable parmi les corps confiés à sa garde. Ce marteau de cordonnier l'avait tracassé. Examinant ses muets pensionnaires, il remarqua sur les genoux de l'un d'eux la trace de durillons produits par les coups répétés d'un ouvrier batteur de cuir.

M. Pierre, le greffier, fit venir le propriétaire de la chambre où la femme avait été assommée et, sans la moindre hésitation, il reconnut son ancien locataire qui exerçait, en effet, la profession de cordonnier.

Après l'assassinat de sa maîtresse il s'était fait justice en se précipitant dans le canal Saint-Martin, et les deux cadavres entrés à la Morgue comme inconnus avaient été exposés l'un auprès de l'autre.

Cet examen attentif des doigts, des mains, des pieds, des genoux facilite beaucoup de reconnaissances, et le modeste serviteur chargé de cette funèbre besogne rend de nombreux services à la Justice et aux familles. La probité de Barthélemy égale son intelligence. Il reçut plusieurs gratifications pour avoir découvert sur des cadavres, cependant fouillés avant leur envoi au dépôt mortuaire, des sommes considérables qu'il pouvait s'approprier sans courir le moindre risque.

Le marteau, outil impersonnel, qui tient autant de place dans les ménages que dans les ateliers, joue un assez grand rôle à la Morgue ; il est devenu l'arme préférée des criminels : brutal, sans écho, il évite l'effusion du sang, empêche les cris ; mais sa forme, sa grosseur et son poids indiquent aussi la profession de celui qui s'en sert.

A l'époque de la reconnaissance du cordonnier et de sa maîtresse (novembre 1876), la Morgue possédait plusieurs cadavres sans identité. Celui à face souriante (planche 32) s'était tué sur la voie publique d'un coup de revolver ; sa voisine fut repêchée dans la Marne au port de Créteil, et l'original du cinquième portrait avait trouvé bon de se pendre dans le bois de Vincennes.

La foule qui défilait devant les vitrages de la salle des expositions se préoccupait peu des suicidés, toute son attention se concentrait sur un moulage en cire exécuté par M. Talrich et représentant la tête d'une femme.

La Justice avait été obligée d'avoir recours à ce procédé par suite de la décomposition de ce débris humain.

C'était la pièce à succès.

Plus de 150 personnes mirent un nom à cette figure et les vérifications ne produisirent aucun résultat.

Le 14 décembre, la *femme coupée* (le public la désignait ainsi) fut reconnue ; elle s'appelait Marie Le Manach et avait été la servante-maîtresse d'un individu fréquentant les cafés de Montmartre. Cet homme était Billoir, que l'agent Lecras se chargea d'amener seul au Service de la Sûreté.

Interrogé par M. Bresselles, juge, il nia sa participation au dépeçage de son ex-maîtresse, mais en présence de preuves matérielles mises sous ses yeux, il raconta que, dans la nuit du 7 au 8 novembre, à la suite d'une querelle, il avait lancé un coup de pied dans le ventre de Marie Le Manach, dont elle était morte. Désolé, il s'était ingénié à la couper en deux pour en jeter les morceaux dans la Seine, entre Saint-Ouen et Clichy. « En voulant, disait-il, cacher *ma faute*, je me suis perdu. »

Le bas de la planche 32 donne le portrait de Billoir, le moulage en cire et les jambes de la femme Le Manach, telles qu'elles ont été retirées de l'eau.

Billoir, condamné à mort, fut exécuté le 26 avril 1877.

Il s'est montré ferme pendant les apprêts et jusqu'à l'expiation suprême; très sobre de paroles, il dit, en embrassant le digne abbé Crozes : « Adieu, mon père! »

Le Maréchal-Président considéra que cet ancien sous-officier, décoré de la Médaille militaire, ne méritait aucune clémence.

Je ne suis pas contre la peine de mort, et mon cœur reste inaccessible à toute espèce de commisération touchant ces êtres faisant le mal de parti-pris, pour qui la société est une ennemie déclarée, et qui lâchement assassinent des vieilles femmes et des enfants. Mais j'éprouve une pitié profonde pour un homme lancé dans la voie du crime après un passé honorable.

J'ai suivi cette dramatique procédure; comme beaucoup d'autres, elle renferme une énigme

judiciaire, et j'ai la conviction que Billoir fut plus malheureux que coupable.

Je n'en dirai pas autant de l'Egyptien Pranzini, de l'Espagnol Prado, de l'Allemand Grüm, bons pour la guillotine, et qui figurent sur la planche 33 entourés de filles galantes assassinées.

Ce trio d'étrangers avait la spécialité du meurtre des femmes entretenues qui, intéressées, vaniteuses, ouvraient encore la porte de leur boudoir au premier rastaquouère venu.

Le nombre des prostituées mortes tragiquement est considérable; et je ne donne (planche 33) que les portraits des plus récentes victimes.

Pranzini est placé entre Lucie Alliaume et Marie Régnault.

Lucie Alliaume habitait rue de Rome. Son concierge Maisonneuve l'étrangla, le 19 janvier 1885, afin de s'approprier ses valeurs.

Marie Régnault, connue dans le monde de la galanterie sous le nom de Régine de Montille, restait rue Montaigne, où elle fut égorgée, ainsi que sa bonne et l'enfant de cette dernière, le 17 mars 1887, par Pranzini, lequel après son triple meurtre se rendit à Marseille où, agissant comme le dernier des benêts, il donna aux pensionnaires d'une maison de tolérance les bijoux soustraits à Marie Régnault. On l'arrêta, et, reconnu coupable, son exécution eut lieu, à Paris, le 31 août 1887.

Prado Stanislas, dit Linska de Castillon, ayant suivi l'exemple de Campi, c'est sous un faux état-civil qu'on l'exécuta le 28 décembre 1888. Il fut impossible à M. Guillot, juge chargé de ces affaires importantes, de mettre beaucoup d'ordre dans l'existence de ces deux *étoiles* de Cours d'Assises.

Prado tua la fille Marie Aguétant pour la dépouiller de son argent. La photographie de cette prostituée se trouve placée à gauche de son assassin, et à sa droite on voit, en tenue de soirée, Maria Fellerath. Son corps fut traversé, le 23 février 1879, par un poignard japonais en forme d'éventail. Ses camarades signalèrent son ancien amant, un Polonais, qui l'avait déjà volée.

Les preuves morales étaient accablantes contre cet homme, qui fut arrêté et remis en liberté. « Libre, disait-il à la Justice, je me charge de saisir le coupable », et il s'empressa de disparaître.

L'affaire dite du passage Saulnier fut classée avec beaucoup d'autres de même nature.

Grüm Balthasar, dit Debaut, dit Sconnfeld, âgé de 25 ans, né à Cassel (Prusse), a eu moins de notoriété que Pranzini et Prado. — Il ne tuait que de vieilles créatures tombées au dernier degré de la prostitution, et qu'il savait être en possession d'économies. Arrêté à la suite d'une première tentative de meurtre, il fut relaxé et son portrait le représente les mains en l'air, parce qu'elles portaient des signes particuliers.

Sa dernière victime, Cécile Renoux, demeurait rue Mercier, et, d'après la photographie judiciaire placée à gauche de celle de son assassin, on la croirait suspendue, comme un veau à tête humaine, dans l'étal d'un boucher. L'opérateur a voulu surtout montrer la trace des six coups de couteau dont Grüm, en pleine conversation intime, l'aurait gratifiée le soir du 27 février 1882.

Ce voleur assassin fut volé, car sa victime, huit jours avant sa mort, avait déposé ses valeurs à la Banque de France. Il gagna la frontière, et sur la demande des autorités françaises, la police l'arrêta. Pendant le cours des nombreuses formalités d'extradition, Grüm se pendit à la prison de Cassel.

A droite de ce prussien se trouve le type de

20.

la fille *soupeuse*, l'habituée des restaurants de nuit, genre de femelle que les garçons de café louent aux raffinés de la débauche. On l'appelait *l'Attoucheuse*, mais son véritable nom était Maria Jouin.

Le 7 juillet 1883, on la trouva étranglée dans son domicile, rue Condorcet, et le mystère plane encore autour de ce meurtre, qui pourrait bien avoir été commis par une femme jalouse et sensuelle.

Avant de fermer la vitrine de *Mon Musée criminel,* je vais montrer (planche 34) :

1° Une partie de la ficelle qui servit à *ligoter* l'ex-cent-garde Prevost ;

2° La reproduction des ciseaux dont se sert l'exécuteur des arrêts criminels pour procéder à ce qu'on appelle « la toilette des condamnés à mort » ;

3° Le col de chemise échancré pas ces mêmes ciseaux ;

4° La photographie de quatre têtes d'exécutés.

La ficelle dite « chapelière », employée généralement pour les colis postaux, est doublée par l'exécuteur lorsqu'il opère son funèbre *ligotage*, et, poussant l'excès de précaution, il y fait des nœuds tous les trente centimètres.

Pl. 5

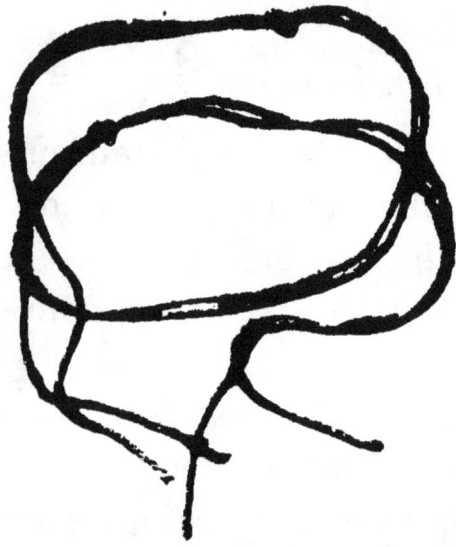

Les ciseaux à bouts ronds, en mauvais acier, ne valent pas 2 francs.

M. Monréal, auteur dramatique, me fit cadeau du col qu'il avait vu enlever de la chemise de Pierre Momble par l'exécuteur Heinderech.

Pierre Momble, dit Collignon, dit la Grenouille, après avoir subi neuf condamnations, a obtenu la peine de mort. Étant ivre, il s'était armé d'une hache et avait fendu la tête à sa maîtresse et à une enfant de onze ans qui dormaient l'une auprès de l'autre. Condamné le 15 juillet 1869, il fut exécuté le 5 août suivant. Entre le verdict et l'exécution, il ne s'écoula que seize jours. Le patient n'attendit donc pas trente-six jours comme Barré et Lebiez, quarante-quatre jours comme Gamahut, Marchandon, Pranzini, Prado, cinquante-huit jours comme Géomay et quatre-vingt-six jours comme Frey et Rivière.

Les quatre têtes coupées sont celles de Lénard, Thépaut, Carbuccia et Oillic, matelots en révolte du trois-mâts français *Fœderis-Arca*.

Voulant se rendre libres, n'avoir aucun maître et s'enivrer à leur aise, ces marins tuèrent, en pleine mer (29 juin 1864), le capitaine Richebourg, le lieutenant Aubert et le mousse Dupré.

Le 3 juillet suivant, ils firent sombrer le bâtiment.

Sur quatorze personnes composant l'équipage, neuf sont mortes d'une façon tragique.

Pour réunir, juger et punir les coupables, il fallut plus de deux années; enfin, le 15 octobre 1866, M. Deibler, alors exécuteur à Rennes, les guillotina.

Roch, le prédécesseur de Deibler, avait abattu 173 têtes de criminels. M. Deibler vient, le 8 mars 1890, de couper sa deux centième, par la double exécution d'Albert Jeantroux et d'Henri Ribot. Jeantroux avait dix-huit ans et à son actif trois condamnations pour vols; Ribot, dit « la Sardine », vingt et un ans et huit condamnations pour abus de confiance, filouterie et vols.

Le 15 juillet 1889, ils ont étranglé et égorgé la concierge de la rue Bonaparte, âgée de soixante-quinze ans, dans l'intention de lui voler l'argent de ses termes qu'elle avait dû toucher le matin même.

M. Carnot, investi du droit de grâce, en use courageusement pour défendre et assurer la population contre ceux qui s'arrogent sur elle le droit de vie et de mort. A l'exemple de M. Thiers et du maréchal de Mac-Mahon, notre

premier magistrat estime que les sentences de
la Justice doivent suivre leur cours, et que la
clémence présidentielle ne doit pas toujours
épargner les assassins employant leur force et
leur jeunesse pour *faire leur affaire* aux vieillards.

M. Grévy répandait des grâces avec une sé-
rénité méthodique. Au mois de juin 1882, il
en accorda seize à la fois ; et cependant, à cette
date, les femmes, les enfants tombaient sous
les coups multipliés de précoces criminels. Ces
assassins trouvaient en lui une indulgence toute
paternelle, il semblait protéger leur cou avec
ses mains, et c'est à cette excessive sensible-
rie que nous devons la collection de jeunes
scélérats d'une dépravation extraordinaire et
présentant un caractère sauvage qui dépasse
la férocité des crimes commis par des hommes
mûrs.

Sans doute il serait préférable de détourner
l'enfant du mal afin que M. Deibler ne lui serve
plus de maître de cérémonie ; mais c'est encore
aujourd'hui le secret de l'avenir.

Sur la place de la Roquette la guillotine est
un lugubre décor et après son travail d'abattoir,
j'ai voulu examiner la machine au repos, sous
son légendaire hangar, situé non loin de la vaste

nécropole du Père-Lachaise. Puis j'assistai à son montage, pour en avoir la reproduction exacte qui figure sur la planche 35.

Le 31 janvier 1882, on m'apporta la réduction au 10e de la guillotine actuelle, et dans mon cabinet se trouvait justement la charmante comédienne sur laquelle un maladroit gardien de la paix vient de poser sa lourde main. Cette victime de l'arbitraire venait me remercier de l'avoir délivrée des obsessions d'une dame du monde folle, qui s'imaginait que Mme Céline Montaland pouvait lui rendre une parente décédée à Londres.

L'artiste regarda l'instrument de M. Deibler et tout étonnée me dit : — Cette guillotine ne ressemble pas à celle sur laquelle je suis montée au musée Tussaud. Voyez donc la disproportion du panier avec la machine.

— Le panier répondis-je, peut contenir quatre corps, il est muni de six poignées permettant à autant d'hommes de le hisser jusqu'au fourgon. Les quadruples exécutions deviennent rares et la dernière remonte aux marins du *Fœderis-Arca*.

Mme Montaland me pria de faire fonctionner le mécanisme de la « coupeuse de têtes. »

J'ouvris alors le panier, garni à l'intérieur

LA GUILLOTINE EN 1889

d'une feuille de zinc, et j'en tirai au milieu du
son une petite poupée articulé dont la tête
tenait au corps par un fragment de liège.

—Votre petit bonhomme est drôlement ficelé ?
s'écria-t-elle.

— Il est lié avec méthode. Lorsque M. Deibler, au greffe de la Grande Roquette, trace sa
signature sur le registre d'écrou, le condamné
lui appartient. Il le fait asseoir sur l'escabeau
d'usage, toujours le même, et l'un des aides lui
entoure les jambes avec des ficelles nouées au-
dessus des chevilles. Un autre aide procède à
la ligature des mains. Deux cordes serrent les
épaules et viennent s'attacher à celle qui réunit
les poignets. Les cordes serrées obligent le patient à porter la poitrine droite et à effacer les
épaules. La dernière ligature ramène les jambes
aux poignets et paralyse tout mouvement du
corps en avant. Ainsi préparé, l'homme marche
lentement soutenu par les aides jusqu'à la planche à bascule, laquelle poussée brusquement
place le cou sur la traverse demi-circuiaire où
vient s'abattre le châssis qui maintient la tête
prisonnière. Le couteau, à lame oblique, est
chargé d'un poids de plomb de trente kilogram-
mes. Il manœuvre au moyen de la corde fixée
à une poulie dissimulée dans la partie supé-

rieure qui tient le montant de la guillotine et au
moyen de ce petit levier poussant un ressort, le
couteau se déclanche, tombe en biais et tranche
net le cou.

Plaçant le mannequin sur la planche à bascule, Mme Montaland fit jouer la lunette, tira le
levier, le couteau s'abattit et la tête tomba dans
la baignoire placée sous la guillotine.

— Les bourreaux éprouvent-ils des émotions? demanda-t-elle.

— Aucune. Comme vous, j'ai posé la même
question à Roch, à Deibler, l'un et l'autre
m'ont répondu par cette phrase typique: « Mon
émotion? En vérité, j'en ai une : celle de sur-
veiller mes aides qui, pour la plupart jaloux de
ma place ne demanderaient pas mieux que le
travail fût mal fait. »

— Et de la peine de mort qu'en pensez-
vous ?

— Qu'elle n'est pas prête d'être rayée de notre code pénal. Seule la « coupeuse de têtes »,
comme vous l'appeliez tout à l'heure, en impose
aux malfaiteurs.

Que penseront les philosophes de la fin du
dix-neuvième siècle ? Trop de lumière aveugle ;
et pourtant, s'ils veulent être impartiaux, il

leur faudra consulter un nombre incalculable de documents écrits à leur intention.

Jugeant notre siècle meilleur au point de vue des progrès scientifiques, ils ne pourront le qualifier tel au point de vue moral, car il paraît se diviser en deux courants dont l'un s'élève à mesure que l'autre s'abaisse ?

L'école du matérialisme fait un rapide chemin, et l'intelligence, surmenée au détriment du cœur, donne des résultats inattendus.

D'après les types épouvantables qui ont, sans doute, affligé mes lecteurs faudrait-il déduire que l'époque actuelle n'enfante que vices, crimes, infamies ? Les scélérats ne sont, par bonheur, qu'une branche infime de l'ensemble social, comparés aux talents et aux incontestables utilités qui nous honorent.

Le hasard m'ayant mis très proche du revers de cette grande médaille, l'humanité, j'ai tâché de le dépeindre fidèlement dans « *La Police parisienne.* » Heureux les observateurs mieux placés qui, voyant la médaille de l'autre côté, pourront la décrire sous de riantes couleurs ! Malgré le désir d'être agréable à leurs contemporains comme à eux-mêmes, s'ils sont de bonne foi, il leur faudra convenir des funestes effets de l'éducation moderne sur les masses.

De jeunes criminels poussés comme des herbes sauvages entre les fentes des pavés, où instruits laïquement et à grands frais par les contribuables, ne donnent-ils pas la mesure de ce que l'on doit attendre d'une réforme mal conçue, insuffisamment travaillée pour être applicable ? Que, sans préparation, sans même avoir déterminé par quoi on remplacera l'enseignement proscrit, l'on vienne arracher toute crainte aux enfants, c'est là un danger capital.

L'idée de l'Etre suprême n'a jamais suggéré l'idée du mal, et quel que soit le travail de la critique la religion n'enseigne pas moins une règle immuable : celle du bien.

Aujourd'hui cette ligne s'efface et les jeunes cerveaux indécis voguent entre la bonne route et la mauvaise, jusqu'à ce que cette dernière attrayante et facile, les attire. Alors livrés à leurs seules passions, les jeunes gens dépourvus de guide, de frein, de scrupule, d'expérience et de raison, se perdent corps et âme, brisés contre les écueils de la vie.

Ce dernier volume documentaire comporte plus de trois cents sujets illustrés; il est sorti pour cette raison du cadre dans lequel se renferme la bibliothèque Charpentier. Cela me procure le plaisir de remercier l'aimable éditeur qui n'a pas craint de faire à cette innovation une petite place auprès de mes précédents ouvrages.

Je remercie également MM. Sylvestre frères pour les soins apportés dans les reproductions de mon triste musée, ainsi que M. J. Jonchère, le compositeur du dessin frontispice.

13 mars 1890.

TABLE

DE

TOUS LES NOMS CONTENUS DANS L'OUVRAGE

C

D

E

F

G

H

M

Paris. — Imp. de G. Balitout et Cᵉ, 7, rue Baillif.

www.ingramcontent.com/pod-product-compliance
Lightning Source LLC
Chambersburg PA
CBHW050501270326
41927CB00009B/1855